이오덕,
아이들을 살려야 한다

이주영 글

이오덕,
아이들을 살려야 한다

어린이문학과 교육 사상

보리

이오덕 선생님을 만났기 때문입니다

머리말

　저는 지난 2월 28일에 초등학교에서 퇴직했습니다. 1977년 3월 7일 처음 교단에 섰으니, 서른세 해를 초등학교 교사로 살았던 셈입니다. 저는 교사로서 갖춰야 할 품성이 적잖이 모자랐던 사람입니다. 그래서 제가 교육 대학에 가겠다고 했을 때 둘레에서 반대하는 사람이 많았습니다. 초등학교 교장이었던 아버지는 "너는 교사가 될 인성이 아니다. 너무 성격이 거칠고, 음악이나 글씨 쓰기처럼 교사로서 꼭 갖춰야 할 기본 재능도 없다" 했고, 고등학교 때 담임 선생님이나 동무들도 제가 너무 난폭하기 때문에 초등학교 교사는 안 된다고 반대했습니다.

　저는 《백범일지》를 읽으면서, 백범 김구 선생이 쓴 '나의 소원'에 크게 감동받았습니다. 백범은 우리 민족과 인류의 평화로운 앞날을 위해서는 그런 교육이 꼭 필요하며, 젊은 교사들이 그 길을 걸어가야 한다고 했습니다. 저는 그 글에 감동받아 꼭 교사가 되겠다고 결심했기 때문에 모든 반대를 무릅쓰고 교육 대학에 들어갔습니다.

　그러나 정말 저는 교사로서 자질이 너무나 모자랐습니다. 만일 새

내기 교사 시절, 좌절과 비탄에 빠졌을 때 이오덕 선생님이 쓴 책을 읽지 못했다면 저는 교사로 살지 못했을지 모릅니다. 교사로 살았더라도 아이들을 짓밟고 괴롭히는 죄인이 되었겠지요. 교사라는 이름으로 살아온 서른세 해를 돌아볼 때 좋은 교사였다고 하기에는 부끄럽습니다. 그러나 적어도 교사로서 큰 후회를 하지 않아도 될 만큼은 살았다고 생각합니다. 이오덕 선생님을 만났기 때문입니다.

저는 많은 사람들이 이오덕 선생님을 만나면 좋겠다고 생각합니다. 이오덕 선생님이 살아온 삶과 이오덕 선생님이 꿈꾸던 세상에 대해 좀 더 많은 사람들이 함께 생각했으면 좋겠습니다. 그래서 이 글을 쓰게 되었습니다. 속으로는 걱정도 됩니다. 이오덕 선생님 삶과 교육과 문학에 대해 제대로 전하지 못한 부분이 있을까 싶어서입니다. 어찌 제가 이오덕 선생님 삶과 사상을 다 알 수 있겠습니까. 그저 우연히라도 이 책을 읽게 된 누군가 이오덕 선생님에 대해 좀 더 알고 싶다는 마음을 갖게 되기를, 이오덕 삶과 사상을 아는 데 조금이라도 도움이 되기를 바랄 뿐입니다.

이 책은 석사 학위 논문 〈이오덕의 교육 사상 연구〉(백석대학교 교육대학원, 2004)와 박사 학위 논문 〈이오덕 어린이문학론 연구〉(백석대학교 기독교전문대학원, 2009)에서 주요 내용을 뽑아 엮었습니다. 두 논문을 열심히 지도해 준 강요열 교수님께 감사드립니다. 강요열 교수님은 이오덕 선생님이 쓴 《삶과 믿음의 교실》을 읽고 감동받아 중학교 국어 교사가 된 분입니다. 제가 이오덕 선생님을 주제로 논문을 쓰고 싶다고 했을 때 한마디로 "너무 좋다"며 지도 교수를 맡아 주었습니다.

또 함께 이오덕 책을 읽고 정리해 준 이오덕 공부 모임 회원들, 자료를 찾고 갈무리하는 일을 물심양면으로 적극 지원해 준 이오덕 선생님 맏아들 이정우 형님을 비롯한 유족, 어디를 가든 운전을 해 준

아내가 큰 힘이 되었습니다. 두 논문에서 글을 골라 다듬는 데 도움을 준 한국글쓰기교육연구회 박종호, 최관의 선생님과 보리출판사 편집부 모두 고맙습니다.

2011년 11월
이주영

차례

머리말   5

1부 삶

  1. 참교사 이오덕   15
  2. 이오덕이 걸어온 길   21
     이오덕이 새로 쓴 말   45

2부 교육

  1. 교육 사상   53
     민주 교육   55
     민족 교육   59
     인간 교육   61
     일과 놀이 교육   63
     생명 교육   67

  2. 국어 교육 바꾸기   72
     듣기, 말하기 교육―마주이야기   74
     읽기 교육―마음을 살찌우는 글 읽기   78
     쓰기 교육―삶을 가꾸는 글쓰기   80
     문학 교육―어린이를 지키는 문학   86
     우리 말 교육―겨레를 살리는 말과 글   94

3부 어린이문학

1. 동시란 무엇인가 103
　이오덕과 박목월 동시관 견주기 (1) 106
　이오덕과 박목월 동시관 견주기 (2) 111
　이오덕과 박목월 동시관 견주기 (3) 116

2. 어린이문학의 독창성 129
　1970년대 어린이문학계의 분열 129
　'표절 동시론' 고소 사건 133
　모작, 표절 논쟁이 남긴 것 147

3. 어린이문학의 현실성 152
　1980년대 이념론과 색깔 공격 152
　'사회주의' '현실주의'를 넘어서 170

4. 어린이문학의 진정성 175
　이오덕 계열 내부 분열과 '일하는 아이들' 논쟁 175
　'시정신'과 '유희정신'의 왜곡 185
　어린이 삶에 책임을 지는 문학 191

5. 참된 문학 교육을 위하여 195
　어린이문학과 교육의 관계 195

동심이란 무엇인가	197
초등학교 문학 교육 현실	204
동심을 지키고 가꾸는 쓰기 교육	206
어린이 삶에 이로운 읽기 교육	212
쉽고 아름다운 우리 글	215
맺음말	219
추천하는 글―서정오	224
이오덕 해적이	228
이오덕이 남긴 책	237
참고 문헌	241

1부 삶

사진 윤주심

1. 참교사 이오덕

교육의 세 주체는 교사와 학생과 학부모다. 이 가운데 교사가 할 일은 '언제, 어디서, 무엇을, 누구한테, 왜, 어떻게 교육할 것인가' 끊임없이 배우며 가르치는 일, 연구하고 실천하는 일이다. 교육에서 어떤 문제가 일어났을 때 그 문제를 불러온 사람도 교사고, 문제를 해결할 열쇠를 가진 사람도 교사다. 그래서 교사가 갖고 있는 세계관, 인간관, 교육관이 중요하다. 이 모든 관점을 한마디로 '교육 사상'이라고 할 수 있는데, 바로 그것이 교육의 성패를 가름하는 핵심이다.

우리 시대 교사 가운데서, 우리가 만날 수 있었던 교사 가운데서 올바른 교육 사상을 갖고 살아간 교사를 한 명 꼽으라고 한다면 나는 바로 이오덕이라고 말할 것이다. 이오덕은 우리 시대 교육이 나갈 길을 밝혀 주고, 그 길을 스스로 만들면서 걸어간 참된 교사였다.

이오덕(1925~2003)은 우리 겨레가 나라를 잃고 헤매던 민족 해방 투쟁기 끝 무렵인 1944년에 초등학교 교사가 되었다. 그리고 해방 뒤에는 미군정 시기와 대한민국 건국을 거쳐 1986년까지 마흔두 해 동안 초, 중등학교에서 교육자로 살았다.

　1948년 고향에서 살 수 없게 되자 부산으로 가 초등학교 교사를 하다가, 1952년부터 1957년까지 경상남도 함안군에 있는 군북중학교에서 국어 교사와 교감으로 일했다. 그때를 빼놓고는 스무 해 넘게 거의 경상북도 산골 초등학교를 찾아다니면서 교사로 일했으며, 1971년부터 1986년까지 열다섯 해 동안은 교육 행정가로서 초등학교 교감과 교장으로 일했다.

　그러면서 교육 현장의 문제를 직접 겪었고, 그 문제를 해결하려고 끊임없이 노력하였다. 곧, 삶 대부분이 우리 현대 교육 역사와 함께 한 것이고, 그 변화와 발전에 맞물려 있다. 나아가 우리 현대 교육 이론과 방법을 올바로 바꾸는 데 큰 힘이 되었다.

　이오덕은 이 시대 교육자로서 뚜렷한 소명 의식을 갖고 교육 현장을 바탕으로 연구하고 실천하면서 우리 겨레 어린이들을 바르게 가르칠 수 있는 길을 걸어온 교육자다. 그러한 과정을 통해 자신의 교육 이론과 사상을 굳게 세웠다.

　해방 뒤 우리 교육 현장에는 '새교육'이라고 하는 교육이 널리 퍼졌다. 이오덕은 '새교육'이 미국 경험주의 교육과 민주 교육을 들여온 것이라고 하지만 실제로는 내보이기 위한 행정 구호일 뿐이며, 교육 내용과 방법은 일본 제국이 우리 겨레한테 강제로 주입했던 군국주의 노예교육에서 벗어나지 못했다고 보았다.

　곧 새교육은 우리 겨레와 교사와 어린이를 죽이는 '겉치레 교육'이며 '거짓 교육'이라고 신랄하게 비판하면서 대안으로 '삶을 가꾸는 교육'을 주장하였다. 우리 겨레와 겨레의 희망인 어린이들을 지키고 살리기 위해서는 '삶을 가꾸는 교육'을 해야 하며, 아이들 삶을 가꾸는 교육이야말로 '참교육'이라고 했다.

이오덕 교육 사상인 '삶을 가꾸는 교육'을 담고 있는 '참교육'이라는 말은 1980년대를 거치면서 교사와 국민들 사이에 교육 민주화와 교육 개혁을 지향하는 새로운 교육 용어로 자리 잡았다.

1983년 이오덕의 '삶을 가꾸는 글쓰기 교육'에 공감하는 초, 중, 고 현직 교사와 대학 교수, 일반인 들이 한국글쓰기교육연구회를 만들어 활발하게 활동하였다. 1989년 교육 민주화와 개혁을 주장하면서 만든 전국교직원노동조합에서도 '민족, 민주, 인간화 교육'을 한데 아우른 용어로 '참교육'을 썼다. 1989년 9월 22일, 학부모들이 스스로 교육의 한 주체임을 깨달으면서 교육 민주화와 개혁을 주장하는 단체를 만들었는데, 그 이름도 '참교육을 위한 전국 학부모회'다.

이렇듯 이오덕이 내세운 '참교육'이라는 말은, 거기에 동의하는 개인과 단체가 늘어나면서 개념의 폭과 깊이가 달라졌고, 1980년대 뒤로 지금까지 사반세기 동안 우리 교육 역사에 중요한 지표가 되는 교육 사상으로 자리 잡았다.

한편 이오덕은 한국 어린이문학사에서도 중요한 시기에 큰 발자취를 남겼다. 1955년 동시 작가로 등단해서 초기에는 창작, 중기에는 비평, 후기에는 후진 양성에 힘을 쏟았다. 그중 어린이문학사에 가장 큰 영향을 끼친 일은 어린이문학 비평이다. 1965년부터 2003년까지 마흔 해 가까이 어린이문학 비평에 활발하게 참여하여 어린이문학이 나아가야 할 길을 보여 주었다.

이오덕은 20세기 후반 어린이문학사에서 끊임없이 논쟁을 일으킨 주체이면서 그 대상이다. 냉철한 비판 정신으로 우리 나라 어린이문학 현실을 바로 보고, 이를 바탕으로 어린이문학에 대한 정론을 세우려 애썼다. 이 치열한 비평 활동이 1970년대 이후 어린이문학계에 적잖은 '소금과 빛'이 되고, 어린이문학이 나아갈 길에 큰 힘이 되었다는 평가에 이의를 제기할 사람은 그리 많지 않을 것이다.

이오덕은 1951년 부산에서 교사 생활을 하면서 어린이문학에 관심을 갖기 시작하였고, 부산으로 피난 온 어린이문학가들과 교류하였다. 1954년 한국아동문학회를 만들 때 회원으로 참여하였고, 1955년 이원수가 펴내던 〈소년 세계〉에 동시 '진달래'로 등단하였다. 그 뒤 이원수와 교류하면서 그이를 어린이문학은 물론 삶에서도 스승으로 모시게 된다.

이원수는 이오덕 동시집을 출판할 수 있도록 주선하였고, 《글짓기 교육—이론과 실제》 《아동시론》 같은 책은 기획하거나 글을 쓸 때부터 조언과 격려를 하면서 출판할 수 있도록 도왔다. 이런 인연으로 이오덕은, 1971년 한국아동문학회가 분열하여 이원수를 중심으로 만든 한국아동문학가협회에서 이사를 맡았다. 그리고 이원수가 적극 권해 어린이문학 평론을 시작하게 되었다.

이오덕은 비평의 초점을 모작과 표절로 잡으면서 당시 어린이문학계에서 고질병이 된 모작과 표절 문제를 겉으로 드러냈다. 1960년대에 발표된 동시 가운데 모작이나 표절작을 골라 비판하면서 참된 문학의 길을 촉구했다. 이는 어린이문학계는 물론 성인문학계와 일반인들까지 어린이문학 문제에 관심을 갖는 큰 계기가 되었다. 이 때문에 이오덕은 비평 대상이었던 상대 어린이문학가와 단체 들에게 온갖 모함과 비방, 협박을 받게 되었지만 소신을 굽히지 않았다.

1981년 오랫동안 스승으로 모시던 이원수가 작고한 뒤, 이오덕은 유족(이원수 둘째 딸 이정옥)과 함께 이원수 전집을 펴내고자 원고 정리를 시작하였다. 당시 웅진출판사 〈어린이 마을〉을 기획하고 있던 윤구병을 통해서 윤석금 사장한테 이원수 전집을 내도록 권하였다. 또 동료 어린이문학인과 화가들 도움을 받아 〈이원수 아동문학 전집〉을 출판할 수 있도록 하였다. 이오덕이 아니었다면 이원수가 세상을 떠난 뒤 그렇게 빨리 이원수 문학을 집대성하는 전집을 펴내기 어려웠을 것이다. 이 전집은 1980년대 이후 어린이문학 발전에 크게 이바지하였다.

이오덕은 1989년 10월 29일 한국어린이문학협의회를 만드는 데 앞장섰다. 이원수 문학 정신을 이어 가는 어린이문학 단체를 만들겠다는 생각 때문이었다. 이 단체에서 '이원수 문학 공부방'을 달마다 열었고, '이원수 문학의 밤'을 비롯해 이원수 추모 행사들을 주관하였다. 기관지로 달마다 〈어린이문학〉을 펴내고, '어린이문학 창작 교실'과 '어린이문학 작가 교실' 강좌를 만들어서 새로운 어린이문학 작가를 찾고 길러 내는 데 힘썼다.

1989년 무렵부터는 우리 말과 글을 쉽고 바르게 쓰자는 운동에 앞장섰다. 교육과 문학, 언론과 출판, 방송계, 법조계를 비롯해 우리 사회 여러 분야에서 그동안 버릇처럼 써 오던 잘못된 말을 바로잡고 어려운 말과 글을 쉽고 바른 우리 말과 글로 바꾸도록 하는 데 큰 영향을 끼쳤다. 이오덕이 일으킨 우리 글 바로 쓰기 운동은 말과 글의 민주화를 좇는 문체 혁명이라고 할 수 있다.

이오덕은 교육과 문학으로써 아이들을 참된 우리 겨레 아이들로 올곧게 지키고 키우는 데 온 힘을 기울였다. 평생 초, 중등 교육자의 길을 걸으면서 참교육을 연구하고 실천하였으며, 그 결과를 책으로 펴내서 20세기 후반 한국 교육 현장을 바꾸는 데 큰 영향을 주었다. 또 어린이문학을 중심으로 어린이 운동을 시작한 방정환과 그 맥을 잇는 이원수 문학관을 발전시키고 폭을 넓혔다. 이오덕의 어린이문학관은 권정생, 임길택 같은 여러 어린이문학가들에게도 많은 영향을 주었다.

이처럼 이오덕은 20세기 후반 우리 나라 어린이 교육과 어린이문학, 우리 말과 글 바로 쓰기의 지평을 바꿔 놓았다. 이는 바뀐 것을 좋게 보는 쪽이든 나쁘게 보는 쪽이든 모두 부정할 수 없는 사실이다. 이 때문에 이오덕의 문학론과 그 영향에 대한 찬반양론은 그이가 세상을 떠난 뒤에도 계속되고 있는 것이다.

2. 이오덕이 걸어온 길

이오덕은 1925년 11월 14일 경상북도 청송군 현서면 덕계리 574번지에서, 아버지 이규하와 어머니 정작선의 막내아들로 태어났다. 위로 누나 셋이 있다. 아버지와 어머니는 독실한 대한예수교장로회 기독교 신자였다. 아버지 이규하는 1904년 경북 청송군 일대에서 교회를 세우는 일에 앞장섰으며, 그 지역에 처음 세운 화목교회 장로이기도 했다.

이규하는 아들이 태어난 해인 1925년에서 '5'와, 태어난 마을 덕계리에서 '덕' 자를 따 '오덕(五德)'이라고 이름을 지었다. 이오덕은 자기 이름에 대해, "아들을 좀 부르기도 좋고 듣기도 좋게 지었으면 얼마나 좋겠나 싶은데, 이것은 내가 이 세상에 태어난 때와 곳을 나타낸 말이라 아주 운명이라 생각하고 그대로 쓰고 있다"[1]면서 이 때문에 다른 이름은 쓰지 않고 본명만 쓰고 있다고 했다. 평소 호도 쓰지 않

---

1. 이오덕(2000년 이후로 추정), '내가 살아온 길', 네 장쯤 쓰다 놓아 둔 것으로 발표하지 않았다.

았다. 다만 화목면 찬송비에 고향을 기리는 시를 쓰면서 '덕산(德山)'이라는 호를 한 번 쓴 적이 있다. 고향 첫 글자인 '덕'과 산골 학교를 많이 다녔다는 뜻을 담은 '산'을 더해서 만든 호로, 이오덕이 늘 고향을 그리워하고 산골 학교에서 아이들 가르치는 일을 평생 업으로 여겼던 마음을 알 수 있다.

아버지 이규하는 본디 경상북도 의성군 사곡면 사곡리 월성 이씨 집성촌에서 살다가, 1900년 무렵에 청송군 현서면 덕계리로 식구들과 함께 옮겨 왔다. 기독교를 반대하는 집안을 떠나 옮긴 것이다. 거기에 처가 식구 일곱 남매가 뒤따라왔다. 이규하가 처가 식구들까지 옮겨 와 살 수 있도록 나서서 도왔다고 한다. 그 뒤 교인들과 힘을 모아 1904년 11월 23일 앞 동네 구산리에 대한예수교장로회 화목교회를 세웠고, 세상을 떠날 때까지 장로를 맡아 일하였다. 화목교회는 청송군에서 가장 먼저 세운 교회였고, 이규하는 화목교회뿐 아니라 경북 일대 여러 곳에서 교회 세우는 것을 도왔다.

이규하는 일꾼을 두고 농사를 지을 수 있는 중농에, 일하면서 공부하는 지식인이었다. 스스로 날마다 책을 읽고, 동네 아이들을 모아서 공부를 가르치기도 했다. 또 아들이 태어난 기념으로 마당에 호두나무를 심었다고 한다. 이오덕은 어릴 때 아버지가 방에서 책을 읽는 소리를 들으며 자랐다고 기억했다. 어머니는 초등학교 1학년 때 돌아가시고, 대부분 누나들 보살핌을 받으면서 자랐다.

이오덕은 아주 어릴 때부터 화목교회 주일 학교에 다녔다. 그곳에서 배운 노래와 '동화 선생님'이 들려주던 이야기를 얼마나 즐겁게 들었는지 평생 기억하고 있었다. 학교에서는 일본 말로 '의식 노래'나 군가만 불러야 했는데, 주일 학교에서는 '고향의 봄' '반달' '집 보는 아이의 노래'처럼 농촌에서 살아가는 아이들 생활을 그대로 표현한 노래를 많이 배웠다고 한다. "비록 많은 아이들이 다니지는 못했고 그래서 어쩐지 따돌림을 당하는 느낌으로 남의 눈을 피해 다니는 곳이었기는 하지만, 교회란 곳은 우리 말과 정신을 보전해 가지도록 해 준 참으로 고마운 곳"[2]이었다고 기억하고 있다. 그러나 당시 교회가 모두 이런 노래와 동화를 가르친 것은 아니었다. 그때 이오덕이 배운 노래는 방정환이 1920년대 어린이 문화 운동을 펼치면서 퍼뜨렸던 노래들인데, 방정환과 뜻을 같이했던 천도교와 민족의식이 강한 교회 주일 학교를 통해서 퍼져 나갔다.[3]

이오덕은 1933년 4월 1일 현서면 소재지에 있는 화목공립심상소학교(지금은 화목초등학교)에 입학하여 1939년 3월 8일 졸업한다. 여덟 살에 입학하여 열네 살 되던 해에 졸업한 것이다. 이오덕은 초등학교 시절 공부는 잘했으나 마음이 여리고 소심해서 동무가 많지 않았다고 한다. 노래 부르기와 그림 그리기를 잘했고, 들과 산으로 돌아다니며 놀았고, 집 농사를 돕는다고 보리를 베다가 낫에 손가락을 심하게 다치기도 했고, 집 앞 개울에 통발을 만들어 놓아 고기잡이를 하기도 했다. 가장 기억에 남는 일은 냇가 포플러 숲에서 놀면서 염소 두 마리를 기운 일이라고 했다. 이오덕이 쓴 글 가운데 포플러와 염

---

2. 이오덕(1977), 《이 아이들을 어찌할 것인가》, 청년사, 12~13쪽
3. 1923년 서울에서 태어나 서울 연동교회 주일 학교를 다녔던 이학선(1923~2010) 할머니 증언에 따르면, 방정환한테 동화 구연을 배운 소년 운동가인 '동화 선생님'들이 찾아와 재미있는 동화를 들려주었다고 한다. 이학선은 그 경험을 살려 공동육아협동조합 어린이집에서 일주일에 두 번씩 '이야기 할머니'로 동화를 들려주었다. 이학선이 동화 구연하는 모습에서 방정환의 동화 구연법을 엿볼 수 있다. 이오덕이 다닌 화목교회 주일 학교 교사들이 가르친 동요 내용으로 미루어 그 동화 선생님들 또한 방정환 어린이 문화 운동에 영향을 받은 지역 소년 운동가로 보인다.

소에 대한 것이 유난히 많은 까닭이 여기에 있다.[4]

초등학교 3학년 때 사범학교를 갓 나온 선생님이 빅토르 위고가 쓴 《레미제라블》을 읽어 주었다고 한다. 수업이 끝나고도 선생님을 졸라 책 보퉁이를 싸 둔 채로 이야기를 들었고, 많은 아이들이 이야기를 들으면서 자꾸 눈물을 닦던 일이 바로 어제 일같이 되살아난다고도 했다. 이처럼 이오덕은 초등학교 시절 교회와 학교에서 동화를 들으면서, 집안일이나 농사를 도우면서, 자연 속에서 마음껏 뛰어놀면서 지냈다.

초등학교를 졸업한 이오덕은 중학교에 다닐 형편도 못 되는 데다 갈 마음조차 없어 두 해 동안 집에서 혼자 공부하면서 농사를 거들며 지낸다. 그 시절 가장 힘쓴 공부는 수학이었다고 한다. 다른 과목보다 수학을 못했기 때문이다. 그 무렵 장터에 사는 동무가 한번 읽어 보라고 빌려 준 책이 있는데, 뒤마가 쓴 《몽테크리스토 백작》이었다. 저녁 먹고 사과 궤짝 책상에 호롱불을 켜 놓고 앉아 그 책을 읽다가, 갑자기 닭 우는 소리가 나기에 "저 닭이 어쩌자고 초저녁에 우노?" 했는데, 곧 방 문이 환하게 밝아졌다고 한다. 자기도 모르게 밤을 새워 읽은 것이다. 그때부터 문학책이라면 닥치는 대로 읽게 되었다.[5] 톨스토이 독본과 전집도 그 무렵 다 읽었다고 한다.

1941년 4월 8일 영덕공립농업실수학교에 입학해서 공부한다. 실습을 중심으로 하는 학교였기 때문에 교실에 앉아 책으로 공부하는 시간보다는 논밭에서 일하며 배우는 시간이 더 많았다고 한다. 1943

---

4. 1971년 〈한국일보〉에 수필 '포플러'가 당선되었고, 동시집 《개구리 울던 마을》에도 포플러를 제목으로 쓴 시 네 편과 염소를 제목으로 쓴 시 두 편이 실려 있다.
5. 김윤식 외(1998), 《내 스무 살을 울린 책》, 작가정신, 200쪽

년 3월 25일 졸업하고 군청에 취직한다. 학교 성적이 뛰어나 바로 특채되었다고 한다.

이오덕은 군청 직원이 되어 관내를 돌아다니다가, 학교 운동장에서 뛰어노는 아이들을 보고 교실에서 들려오는 아이들 노래를 들으면서 교사가 되겠다고 마음먹는다. 아이들을 가르치는 일이 자기 천직이라고 깨달았기 때문이다.[6] 교사가 되기 위해 시험 공부를 시작했고 1944년 2월 11일 3종 교원 시험에 합격했다. 그리고 같은 해 4월 7일, 같은 청송군이지만 주왕산과 보현산을 잇는 산줄기 너머에 있는 부동면 부동초등학교(1992년 폐교)로 첫 부임을 한다.

이오덕은 막상 교단에 서 보니 참 힘들고 괴로웠다고 했다. 일제의 살벌한 군대식 교육이 체질에 맞지 않아 거부감이 일었지만, 그것을 부정하고 다른 참교육을 실천할 만한 교육관이나 교육 이론이 모자란 데다 용기 또한 없었기 때문이다.

> 나는 이러지도 저러지도 못하는 상태에서 자신을 잃고 위축된 나날을 괴로와하면서 지냈던 것이다. 그러면서 아이들에게는 우리 말로 힌미디 디정히게 얘기해 줄 줄 몰랐고, 수업료와 비행기 헌납금 같은 것이나 독촉하면서, 날마다 관솔을 따러 산으로 끌고 다니고, 냇가에서 잔디를 파고 돌을 주워 나르는 개간이나 시켰다. 일 년 남짓한 그동안에 나는 우리 민족의 아이들을 일본 제국의 아이들로 훈련하는 일에 충실히 협력하였던 것이다.[7]

---

6. 김봉군 외(1982), 《길을 밝히는 사람들》, 한샘, 405쪽
7. 이오덕(1983), 《거꾸로 사는 재미》, 범우사, 313~314쪽

일 년 오 개월 남짓 우리 겨레 아이들을 일본 제국의 황국 신민으로 훈련하는 일에 힘을 보탰던 초임 교사 시절을 평생 죄스럽게 여겼고, 해방된 나라에서는 그런 죄를 다시 짓지 않으려고 끊임없이 노력했다. 그러나 사회와 교육 현실이 교사로서 죄를 짓지 않고는 살 수 없게 했다며 다음과 같이 고백한다.

> 해방이 되어 잠시 꿈같은 날을 보냈지만, 일제의 망령은 모든 학교 교육에서 조금씩 되살아났다. 아동 중심이니 민주 교육이니 하는 것은 입으로만 지껄이는 말이 되었다. (줄임) 그 당시 교육계에서 모범 교사가 되는 조건이 세 가지가 있다고 했다. 첫째는 '돈' 잘 걷어 내는 일이고, 둘째는 '청소' 깨끗이 하는 것, 셋째는 '환경 정리' 잘하는 것이다. 이런 역사에서 무사히 월급쟁이 노릇을 하여 왔다는 것은 아이들에게 죄를 짓지 않고는 불가능한 일이다.[8]

이처럼 해방 뒤에도 교사로서 죄를 짓고 살았으며, 그러지 않고는 교사 생활을 할 수 없었다고 털어놓았다.

이오덕은 1945년 12월 31일 부동초등학교를 떠나 모교인 화목초등학교로 부임한다. 교무로 일하고 교회를 다니며 주일학교 교사를 했다. 그러다 집안 사정으로 1947년 7월 31일 이웃 수락초등학교로 옮겼는데, 스스로 이를 '유배'라고 했다.

그러나 수락초등학교에서도 오래 있지 못하고 여름 방학이 얼마

---

8. 같은 책, 314쪽

남지 않은 1948년 6월 30일 갑자기 고향을 떠나 부산으로 갔다. 이오덕은 그 뒤 고향으로 돌아가지 못하고 평생을 떠돌게 된다.

여기서 '집안 사정'이란 아내와 불화 때문에 별거하게 된 것으로, 이 때문에 고향을 떠났다고 알려져 있다. 그런데 화목을 떠나 수락으로 갔을 때 이미 아내와는 별거 중이었다. 그런데 다시 그 문제로 방학도 며칠 안 남은 때 아이들과 재산을 팽개치고 서둘러 떠났다는 게 이해하기 어렵다. 무언가 급한 사정이 아니라면 적어도 방학을 하고 떠나도 된다. 그게 교사의 정서이고 양심이다. 겉으로는 집안 사정이라고 하지만 당시 사회 혼란을 생각하면 고향을 떠난 숨겨진 까닭이 있지 않겠느냐는 얘기도 있다. 마을 탐사를 갔을 때, 어려서부터 가까운 친구였다고 하는 분을 만나서 물어보았지만 자기도 그 무렵 서울로 도망갔기 때문에 정확한 까닭은 모르겠다고 하면서, 알고 있어도 말할 수 없다고 덧붙였다.

부산으로 간 이오덕은 1948년 7월 15일부터 부산 남부민초등학교에서 근무하다 1951년 8월 31일 부산 동신초등학교로 옮긴다. 그러다 이듬해인 1952년 3월 31일 사표를 낸다. 이때는 새 학기가 4월 1일에 시작할 때니까 학년 말에 사표를 낸 것이다.

이오덕은 이 시절 부산으로 피난 와 있던 어린이문학가들과 교류를 시작했던 것 같다. 또 동시, 동요 창작과 문학 교육에 관심을 가지면서 당시 부산사범학교에서 음악을 가르치던 윤이상한테 한 해 남짓 피아노를 배웠다고 한다. 윤이상은 1951년부터 1953년까지 부산사범학교에서 음악을 가르치면서 어린이문학가 김영일과 함께 일흔 편 넘는 동요를 작곡했고, '새음악'이라는 음악 교재를 1학년부터 6학년까지 여섯 권으로 펴냈다. 이 때문에 동시를 쓰던 이오덕도 만났던 것으로 보인다. 이오덕은 교사 두 명과 함께 윤이상한테 피아노를 배웠는데, 당시 윤이상이 이오덕한테 "너는 손가락이 길고 재능이 있어 피아노를 계속 치면 좋겠다" 했다고 한다. 이오덕은 죽기 직전까지 피아노를 손에서 놓지 않았는데, 마지막으로 입원했던 병원 병실에까지 전자 피아노를 갖다 놓고 칠 만큼 좋아했다.

부산 동신초등학교를 그만두고 여덟 달쯤 있다가 명덕육영회에서 새로 세운 군북중학교로 간다. 이오덕이 갑자기 빈손으로 고향을 떠나 부산으로 가서 몸을 맡겼던 곳이 명덕애육원이다. 명덕애육원은 명덕육영회 전신으로, 경남 함안군 출신인 고 윤효량 박사가 생활이 어려운 학생들을 위해서 자기 집을 열어 놓은 합숙소라고 할 수 있다. 집이 커서 많게는 몇십 명씩 함께 묵었다고 한다. 학생뿐 아니라 형편이 어려운 젊은이나, 윤효량과 뜻을 같이하는 사람들이 식객처럼 머물기도 했던 것 같다. 이곳에서 이오덕과 가깝게 지내던 우영찬은 1952년 1월 19일 군북중학교 교감으로 갔다. 이오덕은 같은 해 11월 27일, 우영찬 권유로 군북중학교 국어 교사로 부임한다. 동신초등학교를 그만둔 뒤 여덟 달 동안 무엇을 했는지는 알려져 있지 않은데, 윤이상한테 피아노를 배웠다는 한 해가 이 무렵이 아닌가 싶다.

이오덕은 군북중학교에서 국어와 작문을 가르쳤고, 작문 시간마다 써 낸 학생들 작품을 수북이 쌓아 놓고 읽으면서 평가를 했다고 한다. 그때 교장이었던 이태길 말에 따르면 이오덕은 교육에 대한 열성이 대단했고, 국어 지도력이 아주 뛰어났다고 한다. 약한 몸에 무리가 될 정도로 열심히 했는데, 이렇게 한 해 동안 학생들이 쓴 글을 모아서 〈학생 문집〉을 만들었다.

이오덕은 작문 교육이 농사짓기와 같다고 하였다. 〈학생 문집〉 후기에서 학생들이 쓴 작품을 두고, 한 해 동안 수확이 참으로 가난하다며 한탄하기도 했다. 황무지에 첫 괭이를 찍어 넣은 셈이라면서 땅이 굳어 괭이가 들어가지 않고 가시덤불이 엉켜 있으며, 자기 힘으로는 어찌할 수도 없는 장애물이 꽉 차 있다고 했다.

글쓰기 교육 방법은 6.25전쟁 때 부산 국제시장 길거리에서 산《새동시의 이론과 지도 실천 연구(新童詩の 理論と指導實踐工作)》[9]를 많이 참조하였다고 한다. 그러면서 자신의 동시 교육 이론과 방법을 열어 나갔다. 이 무렵 어린이문학 활동도 열심히 했다. 1954년 한국아동문학회에 참여했고, 1955년에는 이원수가 펴내던 〈소년 세계〉에 동시 '진달래'를 발표하면서 작품 활동을 시작하였다.

이오덕은 1957년 5월 1일 군북중학교 교감으로 발령받았는데, 그 달 30일에 갑자기 사표를 내고 떠난다. 이 무렵에 누나가 이오덕이 군북중학교에 있다는 것을 알고 찾아가서는, 덕계리 집안이 파탄났고 어린 아들 정우가 고아원에 가 있다고 알려 주었기 때문이다. 이오덕은 고아원에 가서 아들을 데려와 누나 집에서 가까운 상주에 집을 얻어 둘이 살기 시작한다. 이러한 사정 말고도, 교감을 억지로 맡으면서 아이들을 직접 가르칠 수 없게 된 것도 군북중학교를 떠난 까닭 가운데 하나다.

경상북도로 돌아온 이오덕은 상주군 공검초등학교로 복직한다, 1959년 상주군 교육청 상주교육연구소로 가지만 병이 심해져 한 해 동안 집에서 병 치료를 한다. 그때 먹을거리가 없어서 그동안 모았던 유명한 그림들을 한두 점씩 아들한테 들려 보내, 대구에 있는 화상에 팔아 연명하였다고 한다. 미술 교육에도 관심이 많았던 이오덕은 나중에 그때 판 그림들을 무척 아쉽게 생각하였다.

---

9. 일본 전국에 있는 소학교에서 아이들한테 시를 지도한 교사 스물한 명이 그 이론과 지도 방법을 엮어 낸 책. 1934년 발행, 국판 450쪽.

건강이 좋아져서 1961년 10월 10일 상주 청리초등학교로 복직하고, 한 반 아이들을 2학년부터 4학년까지 담임하게 된다. 1964년에는 상주군 이안서부초등학교 교감으로 발령받는다. 그러나 두 해 만에 다시 교감 포기서를 낸다. 아이들을 제대로 가르칠 수 없기 때문이라고 했는데, 당시 학교장한테 여러 차례 부조리한 지시를 받으면서 갈등이 커졌기 때문이다. 교육청은 교감 포기서를 받는 대신, 그 당시 누구나 가고 싶어 했던 도시 학교로 발령을 내 주겠다고 했다. 이오덕은 이것까지 거절할 수 없어 1967년 3월 1일 경주시 경주초등학교 교사로 간다. 그러나 더욱 황폐하고 반교육 행태가 판을 치는 도시 학교 풍토를 견딜 수 없었기 때문에 다시 교육청에 간곡히 부탁해서 1968년 3월 1일 안동군 임동면 대곡분교로 옮긴다. 아주 산골 학교를 찾아간 것이다.

이 무렵 아이들 삶을 가꾸는 교육을 가장 활발하게 했고, 삶을 가꾸는 시 쓰기 교육 연구와 실천을 바탕으로 《글짓기 교육—이론과 실제》(1965, 아인각)를 펴내기도 했다. 이원수는 이 책 머리말에서, 글짓기 교육열이 높아지고 있는 것은 반가운 일이지만 옳은 방향과 방법이 논의되지 않아 안타까웠는데, 이 책이 세상에 나오면서 글짓기 지도의 길이 좀 더 뚜렷해지고, 새로운 글짓기 운동의 기틀이 튼튼히 잡혀질 것을 믿어 의심치 않는다면서 높게 평가하였다.

《일하는 아이들》(1978, 청년사) 같은 책이 바로 이 무렵에 지도한 어린이 시 모음이다. 특히 청리초등학교에서는 같은 아이들을 세 해 동안 연이어 담임하면서 글쓰기 교육 이론과 실천 방법을 세우게 되었던 것으로 보인다. 청리초등학교 어린이 예순여덟 명이 쓴 시를 모아서 엮은 《허수아비도 깍꿀로 덕새를 넘고》(1998, 보리)를 봐도 알 수 있고, 그때 제자들과 나눈 이야기에서도 확인할 수 있었다.[10]

서른 해가 지난 뒤 이오덕은 청리초등학교 제자들의 삶을 지켜보면서 자기가 실천한 교육이 옳았다는 믿음을 다시 확인하기도 했다.[11]

또 이 무렵 문학 창작도 활발히 해서 첫 동시집 《별들의 합창》(1966, 아인각)을 냈고, 세 해 뒤에 《탱자나무 울타리》(1969, 보성문화사)를 냈으며, 1971년 〈동아일보〉 신춘문예에 동화 '꿩', 〈한국일보〉 신춘문예에 수필 '포플러'가 당선되었다. 그리고 같은 해 2월 한국문인협회 아동분과와 결별하고 이원수 중심으로 새로 만든 한국아동문학가협회에 참여한다. 이오덕은 나중에 두 단체 사이에 일어난 어린이문학 논쟁에서 한국아동문학가협회를 대표하다시피 나서게 된다.

1971년 3월 1일 대구시 비산초등학교로 왔으나 도시 학교에 있기가 싫어서 다시 산골로 갈 수 있도록 해 달라고 한다. 교육청에서 교감으로 승진하면 옮길 수 있다고 하자 그럼 교감 발령을 내 달라고 한다. 교감 자격증이 있어서 원하면 바로 발령을 받을 수 있었기 때문이다.

한 달 뒤인 4월 1일 문경군 산북면 김룡사 밑에 있는 김룡초등학교 교감으로 발령을 받는다. 이곳 또한 아주 깊은 산골이다.[12]

---

10. 2004년 2월 20일 경북 상주군 청리초등학교 회의실에서 당시 제자 김정길, 정종수, 김윤원, 박희복, 황용순을 만나서 이야기를 나눴는데, 이오덕의 시 쓰기 교육 방법이 이 무렵 완성되었음을 보여 주는 증언을 많이 하였다.
11. 이오덕(2002), 《문학의 길 교육의 길》, 한길사, 125쪽
12. 2004년 1월 9일 찾아가 보니, 폐교되어 우리 차와 음식을 파는 문화 공간 '학교 가는 길'로 남아 있었다. 건물 현관 복도에 옛날 학교 물건을 걸어 놓았는데, 걸어 놓은 교가를 보니 이오덕 작사다. 그곳을 찾을 때는 이오덕 자취가 남아 있을 거라고 생각하지 않았는데 뜻밖의 수확이었다. 교가를 지었다는 것도 처음 알았다. 그런데 전시해 놓은 것들 가운데 몇 년 뒤 졸업 사진첩을 보니 교가가 바뀌었다. 이오덕이 교감일 때 지은 교가를, 정부와 교육청이 이

이원수(왼쪽)와 이오덕(오른쪽)이 함께

이오덕은 이 무렵에 어린이 시 쓰기 교육 이론을 세운《아동시론》(1973, 세종문화사), 세 번째 동시집《까만 새》(1974, 세종문화사)를 낸다. 그리고 한국아동문학가협회에서 편집한《동시, 그 시론과 문제성》(1975, 신진출판사)에 '부정의 동시'를, 이현주 이름으로 '표절 동시론'을 실었다. 이오덕이 쓴 글을 이현주 이름으로 발표하게 된 까닭은 이 책 3부에서 자세히 다루었다.

이오덕은 이때 중심 활동을 창작에서 평론으로 옮긴다. 대구〈영남일보〉에 '모작 동시론'을 연재하고, 계간지〈아동문학 평론〉1976년 가을 호에 '아동문학의 문제점', 또〈창작과 비평〉1976년 겨울 호에 '열등의식의 극복'을 발표한다. 이렇게 어린이문학 평론을 계속 발표한 뒤 그것들을 모아《시정신과 유희정신》(1977, 창작과비평사)을 펴낸다.

> 나는 본디 동시와 동화를 쓰고 있었는데, 시와 동화보다 더 급한 것이 평론이란 것을 깨달았다. 그리하여 먼저 우리 동시의 정체(停滯)를 가져온 유희성을 지적하고, 동화의 전근대적 귀족성과 작가들이 탈피 못 한 식민지 근성을 비판했다. 많은 문인들이 나를 적대시했고, 더러는 내가 쓴 글에 반론을 펴기도 했지만 나는 조금도 굽힘이 없이 모든 거짓스러움과 불순한 것을 밝히려

오덕을 탄압하자 바꾼 것 같다. 이런 일은 모교인 화목초등학교에서도 생겼는데, 졸업식장에서 이오덕이 지은 교가를 부르자 그 자리에 있던 교육장이 야단을 쳐서 바꿨다고 한다.(화목초등학교 총동창회 수석 부회장을 지냈고 현재 덕계리에 살고 있는 박효일 씨가 2004년 2월 23일 증언) 이렇게 독재 정권의 시녀가 되어 버린 교육 행정가들은 학교 현장에서 이오덕의 모든 흔적과 숨결을 지우려고 안간힘을 썼다.

고 애썼다. (줄임) 나는 많은 문단인들로부터 비난을 받았다. 나를 격려해 주는 이들도 있었지만 이들은 주로 문단 밖에 있는 사람들이었다. 내게는 확고한 신념이 있을 뿐이었지만 나를 비난하는 문인들은 매스컴을 통한 발표 수단을 쉽게 장악할 수 있는 유리한 자리에 있었다.[13]

이오덕은 문학 창작에서 비평으로 중심 활동을 옮긴 까닭을 이렇게 설명하면서 그 길을 끝까지 가겠다고 다짐하였다. 그리고 그 다짐대로 평생을 걸어갔다.

이 무렵에 또 다른 중요한 책이 네 권 나온다. 교육 문제를 비판한 《이 아이들을 어찌할 것인가》(1977. 청년사)와 《삶과 믿음의 교실》(1978. 한길사), 스무 해 넘게 지도했던 농촌 아이들 시 모음 《일하는 아이들》(1978. 청년사)과 《우리도 크면 농부가 되겠지》(1979. 청년사)다. 이 책들은 우리 사회와 교육계에 큰 충격을 주었다. 당시 너무나 황폐하고, 거짓이 날뛰고, 아이들이 수용소에 갇힌 포로처럼 천대받고 억압받는 학교 현장에 답답해하던 젊은 교사들한테 섬광 같은 깨달음을 주는 내용이었다. '현실을 똑바로 보라. 그리고 솔직하게 말하라'는 너무나 당연한 진리지만 당시는 그런 말을 해 주는 선배 교사들을 만날 수 없었기 때문이다. 후배 교사를 생각해 주는 선배들이 있다고 해도 대부분 '처세를 잘해라, 더 공부해서 더 좋은 직장을 찾아 빨리 떠나라, 대학원 진학을 해서 중, 고등학교 교사나 대학 교수로 올라가라' 같은 현실 적응과 입신출세에 대한 조언을 할 때였다. 그런 때에 제2차

---

13. 이오덕 외(1979), 《내가 걷는 길》, 청조사, 162~163쪽

세계대전 당시 나치스 집단 학살 수용소로 끌려가는 아이들 손을 잡고 죽은 폴란드 교육자 코르착의 삶을 보기로 들면서, "나는 그 학자의 백분의 일의 양심이라도 가지고서 이 글을 썼는지 생각할수록 부끄럽고 죄스럽다"는 말로 시작한 《이 아이들을 어찌할 것인가》는 그야말로 뜻있는 젊은 교사들의 폐를 송곳으로 찌르는 듯했다.

이오덕은 활발히 책을 내는 동시에, 삶을 가꾸는 글쓰기 교육을 교육 현장에서 실천할 수 있는 교사 단체를 이끌었다. 경상북도글짓기교육연구회[14] 2대 회장을 맡아 〈글짓기 회보〉를 펴내다가 제15호부터는 회보 제목을 〈글쓰기〉로 바꿔서 낸다. 이것은 결코 작은 사건이 아니다. 그동안 사회와 교육 현장에서 써 오며 굳어진 '글짓기'를 '글쓰기'로 바꾼다는 것은 지금까지 글짓기 교육을 비판하면서 새로운 방향으로 나가겠다는 선언이고 다짐이기 때문이다.

1983년 8월 20일 경기도 과천시 영보수녀원에서, 이오덕이 주장하는 글쓰기 교육론을 따르는 전국 초, 중, 고 교사와 대학 교수 윤구병을 포함한 마흔일곱 명이 한국글쓰기교육연구회(대표이사 이오덕)를 만든다. 이오덕은 제1호 회보 머리글에서 이 단체를 만드는 뜻을 밝혀 놓았다.

> 지금까지의 글짓기 교육은 백일장 입상 목표로, 학교 교육의 선전 수단으로 이루어지고 있었다. 그것은 상업성을 띤 것이 아니면 정치성을 띤 것이라 할 수 있다. (줄임) 우리는 앞으로 불순

---

14. 1963년 '인간 교육'을 이념으로 만든 단체로, 1979년 8월 3일 회칙을 개정하면서 이오덕이 회장을 맡고 같은 해 9월 10일 회보 제1호를 냈다. 한국글쓰기교육연구회가 만들어지는 데 큰 구실을 한다.

한 목적을 가진 어떠한 외부의 유혹이나 압력에도 굽히지 않을 것이며, 단호히 이를 배격할 것이다. 순수한 교육 정신을 지키기 위해서 우리는 하나로 단단히 뭉친다. (줄임) 어린이의 앞날에 모든 희망을 걸고 있는 우리들은 오직 그들의 삶을 깨끗하고 참되게 가꾸는 일만이 우리가 목숨을 걸고 해야 할 일임을 안다.[15]

이런 뜻에 따라 한국글쓰기교육연구회에 가입한 회원들은 삶을 가꾸는 글쓰기 교육을 바탕으로 참교육을 실천하고자 끊임없이 애써 왔고, 그 성과를 교육 현장으로 되돌리고 있다.

이오덕은 1973년 봉화군 삼동초등학교 교장으로 발령받은 뒤에 안동군 길산초등학교, 대성초등학교, 성주군 대서초등학교에서 교장을 하다가 1986년 2월 28일 퇴임을 한다. 정년 퇴임을 겨우 네 해 남겨 놓고 마흔두 해 동안 몸담았던 교육 현장을 떠나게 된 건 제5공화국 독재 정권의 경찰과 교육청이 벌인 감시 행정 때문이었다. 학교를 감시하면서 모든 일에 트집을 잡아 괴롭히니 자신은 말할 것도 없고 함께 근무하는 교사들까지 불이익을 피할 수 없었다. 또 서울이나 다른 지역으로 다니는 것까지 막았는데, 교사들한테 강의를 하러 가지 못하게 하려는 속셈이었다. 심지어는 가족과 친지들이 마련한 본인 회갑 잔치까지 못 가게 방해했다. 이런 탄압은 퇴임하면서도 계속됐다. 문교부는 이오덕의 명예 퇴임을 받아들이지 않고 교육청에 징계를 강요했다. 하지만 해임이나 파면 같은 징계를 하게 되면 파장이 클 것이어서 일반 퇴임으로 결정되었다. 그리고 교장으로 퇴임하면

---

15. 이오덕, '우리의 믿음과 태도', 〈참삶을 가꾸는 글쓰기 교육〉 1983년 9월 호, 1쪽

대서초등학교 교장으로 있던 시절, 아이들과 함께

국민 훈장 석류장이나 목련장을 주는 게 관례여서 이오덕은 석류장으로 품의되었는데, 그마저 문교부에서 주지 않았다. 나중에 경북교육청 담당 장학관이 찾아다 전해 주었다.

이오덕은 퇴임하고 바로 경기도 과천으로 이사한다. 서울에서 활동하기 위해서인데, 서울은 너무 복잡하니까 과천 관악산 아래에 자리 잡은 것이다. 이때부터 교육 민주화 운동에 적극 참여하기 시작한다. 교육 민주화와 참교육을 실현하는 데 필요한 교육 이념, 제도, 정책, 방법을 연구하며 실천할 목적으로 1986년 5월 15일에 만든 민주교육실천협의회에서 성내운, 문병란과 함께 공동 대표를 맡았다. 이어서 1987년 8월 22일에 만든 전국초등민주교육협의회 자문 위원을 맡았다. 퇴임을 했기 때문에 대표를 맡을 수 없었을 뿐 준비 모임부터 이끈 실제 대표라고 할 수 있다. 이 단체는 같은 해 9월 27일에 민주교육추진전국교사협의회 초등특별위원회로 합쳐지고, 이는 1989년 5월 28일 전국교직원노동조합(아래부터 '전교조')으로 발전한다. 이런 과정을 거쳐 전교조가 '민족, 민주, 인간화 교육'을 아우른 '참교육'을 맨 앞에 내세우게 되는데, '참교육'은 이오덕이 꾸준히 주장해 오던 것이다.[16]

전교조는 대국민 홍보물에서, 참교육이란 삶을 위한 교육이고, 민족, 민주, 인간화 교육은 참교육의 세 가지 측면이라고 밝혔다.[17] 이렇듯 전교조가 지향하는 참교육은 이오덕의 참교육 사상이 그 핵심이고 뿌리다. 전교조는 이오덕의 삶을 기려 전교조가 합법화되던 해 이오덕을 참교육상 수상자로 선정하였다.

---

16. 전국교직원노동조합(1990),《한국 교육 운동 백서(1978~1990)》, 풀빛, 333~348쪽
17. 같은 책, 755~756쪽

이오덕은 이 무렵에 어린이문학 단체 활동도 활발하게 하였다. 1984년 경상북도아동문학연구회를 만들었고, 퇴임 뒤 과천으로 와서는 민족문학작가회 아동분과를 맡아서 활동했다. 1989년에는 이오덕을 중심으로 어린이문학을 바로 세우려면 어린이문학 단체를 새로 만들어야 한다는 논의가 시작되었다. 이때 이오덕은 영역을 넓혀서 방정환의 어린이 운동을 이어 나갈 수 있는 한국어린이문화운동협의회를 만들어야 한다고 했다. 하지만 마음먹은 대로 되지 않아 어린이문학을 중심으로 어린이 문화 운동을 하기로 하고 한국어린이문학협의회(회장 이오덕)를 만든다.

또 책을 중심 매체로 어린이 문화 운동을 하는 어린이도서연구회에도 참여한다. 단체를 만들 무렵 마련했던 첫 번째 강연을 맡았고, 사단법인으로 만들 때는 초대 이사직을 맡았으며 나중에 충주로 이사를 간 다음에도 자문 위원으로 활동하였다.

이오덕은 과천으로 오면서 새로운 일을 하나 더 시작하는데, 바로 우리 말과 글을 살리는 일이다. 교과서와 신문을 비롯한 사회 여러 분야에서 쓰는 말을 분석해 우리 말을 물들이고 있는 일본 말법, 때가 지난 한자어, 꼭 쓰지 않아도 될 외래어 문제를 꼼꼼하게 지적하였다. 이 운동은《우리 글 바로 쓰기》(1989)가 나오면서 사회 여러 분야에 적잖은 각성과 파급 효과를 가져왔다. 이에 힘입어《우리 문장 쓰기》(1992)《우리 글 바로 쓰기 2》(1992)《우리 글 바로 쓰기 3》(1995)이 잇달아 나왔다. 네 권 다 한길사에서 나왔는데 국판 크기로 모두 1,915쪽에 이르는 매우 많은 분량이다.

이오덕은 다른 사람들이 쓴 글만 분석하고 지적하는 것이 아니라 그동안 자기가 썼던 글도 잘못되거나 틀린 곳이 많다면서 고쳐 쓰기 시작하였다.《참교육으로 가는 길》(1990, 한길사) 제4부가 바로 1977년

말을 살려야
우리 말 우리 글
겨레가 삽니다

제 18 호
94. 11. 16

우편 427-040 우리 말 살리는 모임
과천시 별양동 벽산종합상가 3층 309-2호
우리말 연구소 전화 504-1621, 502-4960

허세 부리는 말과 행동

우리 말 사전에도 없는 말을 신문에서 날마다 쓰고 있다면 사전이 모조리 엉터리인가? 신문이 엉터리인가? 둘 중 하나임에 틀림없다. 바로 '상판'(床板)이란 말이 그렇다. 지난 10월 21일부터 여러 날 동안 일간 신문마다 제목에서부터 수없이 나왔던 이 말은 무슨 말인가? 아마도 처음부터 '상판'이란 말을 알고 신문을 읽었을 사람은 거의 없을 것 같다. 누구나 기사를 다 읽고 나서야 무슨 말인가 대강 짐작했을 것이다. 그렇다면 '상판' 대신에 다른 또 어떤 괴상한 말을 그 자리에 넣어도 결과는 마찬가지일 터이다.

그런데 이 '상판'이란 말은 다리를 설치하는 사람이나 공사하는 자리에서 일하는 사람만이 알아야 하는 물체를 가리키는 말이 아니다. 다리 위로 차를 운전하면서 다니거나 걸어다니는 모든 사람들이 알아야 하고 실제로 잘 알고 있는 물체를 가리키는 말이다. 다리가 무너진 다음날 신문광고 난에는 서울특별시장이 "서울시민 앞에 사과드립니다"란 제목으로 광고글을 냈는데, 그 첫머리가 다음과 같다.

시민 여러분!
10월 21일 아침 발생한 성수대교 상판 붕괴 사고로 많은 시민들이 귀중한 생명을 잃고, 또 부상을 당하는 불행에 대하여 서울시정의 책임자로 참담한 마음 금할 길이 없으며 시민 앞에 깊이 사과드립니다.

이 글에서 "성수대교 상판 붕괴 사고로" 했는데, 왜 "성수대교 붕괴 사고로" 하지 않고 "상판"이란 말을 더 넣었을까? "성수대교"란 다리 전체가 다 무너진 것이 아니고 다

리의 어떤 한 부분만 무너졌다는 것을 강조하고 싶었는가? 그런지도 모른다. 어쨌든 "상판"이란 것은 다리를 마지막으로 완성시켜서 그 위로 사람과 차가 다닐 수 있게 하는 부분이다. 그래서 이 글에도 "상판"이란 말은 바로 다리란 말과 다름없이 쓰여 있다. 따라서 "상판"이 무슨 말인지 모르는 사람도 것이 다리의 어느 부분인가를 누구나 짐작할 수 있다. 그러나 신문기사에 나온

'상판이 무너질 위험이 높다'
'수도대원들이 상판 주변에서 바쁘게 움직이고 있다.'
'상판 이음새 빗물 스며'

이런 글에서는 '상판'이 무슨 말인지 알 수 없다.

결국 '상판'이란 말은 다릿발 위에 걸쳐놓아서 그 위로 차나 사람이 지나 다니도록 하는 물체(철판)다. 서울의 한강을 건너 다니는 큰 다리에서 이 물체가 무너져 내렸는데, 이 엄청난 사건을 알리는 신문이, 바로 이 물체를 알 수 없는 말로 알린다는 것은 도무지 있을 수가 없는 일이다. 그런데도 신문은 날마다 그 알 수 없는 말을 써서 보도했고, 그렇게 했는데도 그 누가 신문사에 항의한 사람이 있었다는 말을 못 들었다. 큰 다리가 무너져 차가 몇 대 강물에 떨어지고 사람이 무더기로 죽고 다치고 한 것도 어처구니가 없지만, 이렇게 온통 모든 신문이 알 수 없는 말을 써서 그 기막힌 일을 알려도 예사로 보아 넘긴다는 것은 더한층 어처구니가 없는 일이다. 왜 그런가 하면, 다리가 무너지는 일이야 천재지변으로 그럴 수도 있고, 또 우리 나라 사람들이 하여 온 것을 보면 그런 일이 자꾸 일어나게도 되어 있다. 그런데 온 나라 사람들이 신문에서 알 수 없는 말을 읽어야 하는 데도 아무렇지도 않게 넘어가는 일이야말로 진짜 이상하고 어처구니가 없는 일이기 때문이다.

신문기사고 무슨 글이고 쓰다가 말을 모르면

냈던 《이 아이들을 어찌할 것인가》 제1부를 고쳐 쓴 것으로, 우리 말 살리기 운동을 하면서 스스로 자기 글을 고쳐 쓴 본보기라 할 수 있다.

또한 과천 사무실에 '우리 말 연구소' 간판을 달고, 우리말살리는 모임을 만들어 이끌었다. 16절지 16쪽 회보를 달마다 손수 써서 복사하여 나누어 주었다. 이 모임은 1995년 한국글쓰기교육연구회와 합쳤다가, 1998년 중심 회원들이 다시 우리말살리는겨레모임(공동 대표 김경희, 이대로, 이오덕)을 만들었다. 지금껏 우리 말을 살리기 위해 여러 가지 활동을 꾸준하게 펼치면서 발전하고 있다.

이오덕은 과천에서 혼자 살면서 일을 많이 했고, 그러면서 몸도 많이 쇠약해졌다. 여러 모임을 이끌고 활동하기가 점점 어려워졌기 때문에 충청북도 충주시 신니면 광월리에 사는 맏아들 집으로 옮긴다. 광월리는 수월리라고도 하는데, 물이 넘은 마을이라고 해서 우리 말 이름은 무너미다.

1995년 뒤부터 건강 상태에 따라 과천과 무너미를 오가다 1999년 초 과천에 있던 책을 무너미로 옮기고, 5월 31일 주민등록까지 옮긴다. 특별한 일이 아니면 서울에 오지 않고, 무너미 집에서 원고를 쓰면서 찾아오는 사람들과 이야기를 나누었다. 건강 때문에 그동안 몸담았던 다른 단체 일은 거의 모두 멈추었다. 무너미에 연수원을 짓고 사무실을 옮긴 한국글쓰기교육연구회 회의, 무너미에서 열리는 우리말살리는겨레모임 임원 회의에 참여하는 정도였다. 그러나 글을 쓰는 일은 계속하였고, 2003년 8월 25일 새벽 운명하기까지 펜을 놓지 않았다.

이오덕은 일흔여덟 해를 살면서 어린이와 겨레를 살리는 교사의 길을 끊임없이 찾아 걸었다. 처음에는 스스로 천직이라고 여겨 교사

무너미 집 서재에서

가 되었지만 곧 일본 제국 식민지 노예교육에 부딪혔고, 해방 뒤에는 일제 교육을 고스란히 되살려 준 미군정과 자유당 정권의 부패한 교육, 곧이어 군사 독재 정권의 반민주 반민족 교육에 부딪힌다. 이러한 황폐하고 거짓된 반교육의 벽에 맞서 참교육의 길을 찾고, 참교육의 불빛을 밝혀 주었다.

  이오덕은 교육자, 어린이문학가, 문학 비평가, 글쓰기 교육 운동가, 우리 말 살리기 운동가처럼 여러 이름으로 불리고 있다. 그러나 그 모든 이름과 활동은 어린이를 지키고 살리는 교육에 바탕을 두고 있었던 것이다. 따라서 '삶을 가꾸는 교육' 곧 '참교육'을 실천한 이 시대의 참스승, 참다운 교육자로 부르는 것이 가장 알맞다고 본다.

이오덕이 새로 쓴 말

이오덕은 평생 교육 현장에서 일구어 온 교육 사상과 방법을 분명하게 표현하려고 여러 가지 말을 만들거나 새로운 뜻으로 쓰기도 했다. 그 가운데 중요한 말뜻을 밝혀 둔다.

'글짓기'와 '글쓰기'

글쓰기와 비슷한 뜻으로 쓰던 말은 시대에 따라 다르다. 조선 시대 때는 '문장', 개회기 이후 교육 현장에서는 '작문'이라는 말을 많이 썼다. 해방 뒤 중, 고등학교에서는 계속 '작문'이라고 했는데, 초등학교에서는 '작문'을 우리 말로 바꾼 '글짓기'라는 말을 많이 썼다. 이오덕이 1965년에 낸 《글짓기 교육》이라는 책 제목에서 알 수 있듯이 이오덕도 처음에는 '글짓기'를 썼다. 그러다 1981년 11월 20일 경상북도글짓기교육연구회 회보 제15호를 낼 때 표제에서 '글짓기'를 '글쓰기'로 고쳤다. 이때 처음 공식으로 썼고, 이 말이 교육 현장에 널리 퍼지기 시작한 것은 1983년 8월 20일 한국글쓰기교육연구회를 만들면서부터다.

국어 교과서도 제5차 교육 과정까지는 '글짓기'를 쓰다가 1990년대 제6차 교육 과정부터 '글쓰기'와 '글씨 쓰기'를 포함하는 '쓰기' 교과서 안에서, 동시만 '짓기'로 두고 서사문을 비롯해 여러 갈래 글을 모두 '쓰기'로 바꿨다. 2000년대 제7차 교육 과정에서는 '동시'도 '시'로 표기하면서 모든 갈래 글을 '쓰기'로 바꾸게 되었다. 곧 국어 교과서에서 '글짓기'는 사라지고 '글쓰기'로 통일된 것이다. 그러나 교사나 사회단체는 아직 '글짓기'라는 말을 쓰는 경우도 많다.

이미 널리 써 오던 '글짓기'라는 말을 '글쓰기'로 바꾼 까닭은 그동안 글짓기 교육이 동시 작가나 대회에서 상 받은 다른 어린이 글을 흉내 내도록 지도하고 글의 형식미만 지나치게 강조해 왔기 때문이다. 이오덕은 이런 교육을 '거짓 교육'이라고 보고, 자기 삶을 솔직하고 자세하게 쓰도록 하는 교육을 '참교육'이라고 보았다. 곧 글의 겉모습을 꾸미는 형식미보다는 내용에 담긴 진실성과 가치를 더 중요하게 살펴보는 교육이 참교육이라고 하면서, 이러한 차이를 분명하게 나타내기 위해 '글쓰기'라는 말을 새로 만든 것이다.

'동시'와 '어린이 시'

'동시(童詩)'는 '동화(童話)'와 마찬가지로 일본에서 만든 한자어를 그대로 쓴 말이다. 이오덕은 '동화'나 '동시'라는 말이 어린이문학 교육과 글쓰기 교육에 혼란을 가져왔다고 했다. '동화'가 '동심을 바탕으로 하는 문학'이라는 뜻과 '어린이가 하는 이야기'라는 뜻을 함께 담고 있고, '동시' 또한 '어린이를 위해 어른이 쓴 시'라는 뜻과 '어린이가 쓴 시'라는 뜻을 함께 담고 있기 때문이다. 그래서 어린이들은 어른이 쓴 동시를 흉내 내고, 교사들은 시 쓰기 교육을 가장 바탕이 되는 교육으로 보지 않고 문학 작품 창작 능력이 있거나 국어 교육 지식과 경험이 깊은 교사들만 하는 것이라고 오해하게 되었다.

이오덕은 이런 폐단을 이겨 내기 위해 글쓰기 갈래를 크게 어른의 글쓰기와 어린이의 글쓰기로 나누고, 시를 '어른이 어린이를 위해 쓴 시'와 '어린이가 쓴 시'로 나누었다. 거기서 전자를 지금까지 써 온 말 그대로 '동시'라고 하고, 후자는 '어린이 시'라고 하자고 하였다.

'어린이'와 '아이'

우리 사회에서는 '아동(兒童)' '어린이' '아이(兒이)'라는 말을 섞어 쓰고 있다. '어린이'는 방정환이 '늙은이' '젊은이'와 짝이 되는 말로 어린애(어린아이)를 높여 부르려고 만든 말인데, 공식 행사에서는 많이 쓰고 있으나 보통 생활에서는 '아이'라는 말을 많이 쓴다.

이오덕은 1989년《우리 말 바로 쓰기》를 내면서 쉽고 깨끗한 우리 말 쓰기 운동을 펼쳤는데, '아동'이라는 한자어 대신에 '어린이'나 '아이'를 쓰자고 하였다. 이오덕 자신도 전에는 '아동'을 쓰기도 했으나 1989년 뒤로는 '어린이'와 '아이'를 글 흐름에 따라 섞어 쓰고 있다.

'삶을 가꾸는 교육'과 '참교육'

이오덕은 어린이들이 자기 삶을 소중하게 여기면서 모든 사실을 정확하게 보고, 솔직하고 자세하게 표현할 수 있어야 삶을 바르게 가꿔 나갈 수 있다고 했다. 이러한 '어린이 삶을 가꾸는 교육'을 위해서는 '민주 교육, 민족 교육, 인간 교육, 생명 교육'을 해야 하는데, 이를 아울러 '참교육'이라고 하였다. '삶을 가꾸는 교육'은 1965년《글짓기 교육—이론과 실제》에서도 썼으나 1984년에《삶을 가꾸는 글쓰기 교육》(한길사)이 나오면서 '참교육'이라는 말과 함께 사회 관심을 끌기 시작했다.

이오덕은 해방 뒤 민주 교육을 내세운 '새교육'이 실제로는 일제 식민지 노예교육을 그대로 두면서 일제와 서구에 대해 민족 열등의식을 깊게 하는 '거짓 교육'이라고 하고, 이에 맞서 '참교육'을 해야 한다고 한결같이 주장했다. 이오덕이 맨 처음 이 말을 쓴 기록은 《내가 걷는 길》에서 찾을 수 있다.

> 교육계에 투신한 이래 나는 그러한 비리와 모순을 목도할 때마다 깊은 절망의 늪에 빠지곤 했다. 그러나 끊임없는 자가당착과 회의 속에서도 교육이란 어쩔 수 없이 하지 않으면 안 되는 당위의 길이었고, 절망과의 씨름이었다.[1]

이렇게 털어놓으면서 "꿈에도 그리던 참교육을 이제는 할 수 있게 된 것일까?" 하고 질문을 던진다. 그 뒤로는 여러 글에서 '참교육'이라는 말을 쓰고 있으며, 1990년에는 《참교육으로 가는 길》(한길사)이라는 책도 낸다. '참교육'이라는 이 한마디는 1980년대와 1990년대 우리 사회와 교육 현장에 참으로 큰 영향을 주었다.

'마주이야기'

'마주이야기'는 교사나 부모가 어린이와 눈높이를 맞추어 어린이들 느낌과 생각을 소중하게 여겨야 잘 들을 수 있고, 그렇게 주고받은 말을 바탕으로 어린이 삶을 가꾸는 참교육을 하자는 뜻을 담고 있

---

1. 이오덕 외(1979), 《내가 걷는 길》, 청조사, 156쪽

다. 이런 생각은 1973년 《아동시론》의 취재 지도 단계에서 나타나고 있으나 공식으로 쓴 것은 1992년 《우리 문장 쓰기》에서 우리 문체를 여섯 가지로 나누면서다. 이 책 제2부에서 문체를 다루었는데 크게 글말체와 입말체로 나누고, 남의 문체를 중국글체와 일본글체와 서양글체로 나누었다. 그리고 우리 문체를 중국글새김체, 우리 이야기말체, 편지글체, 마주이야기체, 이야기글체, 연설체로 나누어서 저마다 개념과 사례를 들었다. 이 가운데서 '마주이야기체'를 한국글쓰기교육연구회 회원이면서 유치원 원장인 박문희가 '마주이야기 교육'으로 발전시키면서 널리 퍼지기 시작했다.

'마주이야기체'란 '대화체'를 우리 말로 바꾼 것이지만, 어른이 어린이 말을 소중하게 듣고 그에 맞는 말을 해야 한다는 점에서 단순한 문체 개념을 넘어 교육 개념까지 보태게 된 것이다. 1992년 뒤로 박문희가 마주이야기교육연구소를 중심으로 꾸준히 연구하고 실천하여 많은 성과를 이루었고, 유치원과 초등학교 저학년 어린이를 대상으로 하는 새로운 교육 용어로 자리 잡았다.

이 밖에도 이오덕은 '시정신과 유희정신' '동심' '일하는 아이들' 처럼 자기 사상을 담아 독특하게 표현한 말을 많이 만들어 썼다. 이오덕의 사상을 올바르게 이해하려면 이러한 말을 만들어 쓰게 된 당시 시대 환경과 스스로가 그 말에 대해 설명해 놓은 글을 먼저 살펴봐야 한다.

2부 교육

1. 교육 사상

 이오덕 교육 사상을 이루는 바탕은 그이가 겪은 현실과 읽은 책만큼이나 다양하다. 그것은 이오덕이 처음부터 어떤 교육 사상을 세운 다음에 교사가 된 게 아니기 때문이기도 하다. '교사가 되면 행복하겠다'는 소박한 생각으로 시작했으나 막상 교사가 되고 보니 예상하지 못했던 반교육의 벽에 부딪히게 되었고, 그 벽을 헤쳐 나가기 위해 현장에서 몸부림치면서 교육 사상을 세운 것이다.
 이오덕은 할아버지 때부터 독실한 기독교 신앙을 가진 집안에서 자랐다. 주일 학교에서 배운 동요와 동화, 초등학교 때 선생님이 읽어 주신 문학 작품, 마음껏 뛰놀 수 있는 아름다운 자연 환경, 우리 겨레 현대사와 맞물려 있던 지역 사회……. 이런 것들을 평생 즐겁게 기억하였으며 이 기억은 글과 생각에 바탕이 되었다. 교육 현장에서 부딪치는 여러 가지 문제에서 옳고 그름을 가리는 잣대가 된 것이다.
 사회에 나와 영향받은 사람으로는 이원수를 꼽을 수 있다. 이원수가 펴내던 어린이 잡지 〈소년 세계〉에 1955년 동시 '진달래'로 등단하였으며, 그 뒤에도 삶에 가장 큰 영향을 받았다. 이오덕이 첫 번째 책《글짓기 교육―이론과 실제》를 펴낼 때도 이원수는 자기가 초고 상태에서 이미 보았다고 머리말에 썼다. 다른 책을 낼 때도 마찬가지로 이원수한테 직접 지도를 받거나 먼저 보여 준 흔적들이 있다. 1970년대 와서는 이원수를 대신해 어린이문학 비평을 떠맡다시피 했고, 이원수가 죽은 다음에는 그 문학관과 문학 교육관을 이어받아 발전시켰다.

책으로 만난 사람으로는 야누슈 코르착과 톨스토이를 들 수 있다. 코르착에 대해서는 《이 아이들을 어찌할 것인가》 머리글과 《거꾸로 사는 재미》에 실린 '우리는 십자가를 진 사람'에서 이야기하고 있다. 어린이를 위해 십자가를 지고 있는 모든 교사의 고통을 덜어 주는 사람이 야누슈 코르착이라고 하였다. 이는 기독교 관점에서 예수 자리에 놓고 보는 것으로, 그만큼 코르착한테 강한 인상을 받았다는 뜻이다.

톨스토이는 문학 작품 속에 아이들을 소중하게 섬기는 정신을 담아냈다. 이는 이오덕이 일생 동안 지켜 나가려던 정신이었다. 한국글쓰기교육연구회 회원들이 교육 현장에 대해 쓴 편지를 엮으면서 책 제목을 '아이들을 하늘처럼 섬기는 교실'로 정한 것은 우연이 아니다. 아이들을 하늘처럼 섬기는 교육을 해야 한다는 생각은 '어린이는 곧 한울님'이라는 천도교 사상이고, 천도교인이었던 방정환이 펼친 어린이 운동의 중심 사상이기도 하다. 이러한 생각이 기독교 사상에 뿌리를 둔 톨스토이 문학을 읽으면서 더욱 강해졌다고 할 수 있다.

글쓰기 교육 이론과 방법은 앞서 말했듯 1950년대에 읽은 《새 동시의 이론과 지도 실천 연구》에서 크게 영향받았다. 처음 시 쓰기 지도를 하고 글쓰기 교육을 연구하는 데 길잡이가 되어 준 것이다. 이오덕은 이 책을 읽으면서 일본 교사들이 개척한 글쓰기 교육을 높게 평가하고 소중하게 여겼다.

1984년에는 요시다 미즈호가 지도한 일본 어린이 시집을 '어린이 시'라는 제목으로 번역하여 출간하였다. 1990년대에는 오오츠키 타케시와 한일 두 나라 학생들 시를 주고받아서 번역하였다. 이 시들을 이오덕은 한국글쓰기교육연구회 회보에 실었고, 오오츠키 타케시는 동인지 〈일한 교육 포럼〉에 실었다. 오오츠키 타케시 또한 이오덕의 삶을 가꾸는 글쓰기 교육 사상과 방법, 성과를 무척 소중하고 높게 평가하였던 것이다.

그러나 이오덕 교육 사상에 가장 큰 바탕이 된 것은 역시 우리 겨레의 분단 현실을 고스란히 떠안고 있는 교육 현장과 이 땅 아이들의 삶이다. 우리 아이들이 살아가는 사회와 자연 환경이다. 나아가 우리 겨레와 아이들이 살아갈 앞날이다. 이오덕은 그것들 하나하나를 깊은 사랑으로 직접 겪었고, 그 경험을 바탕으로 교육 사상을 발전시켰다.

민주 교육

이오덕은 우리 나라에서 민주주의가 뿌리를 내리려면 학교, 그 가운데서도 학급에서 민주 교육이 이루어져야 한다고 했다. 단 한 해라도 제대로 이뤄지면 우리 나라 민주주의가 살아날 수 있다고 하였다. 따라서 학급을 도맡아 꾸리는 담임 교사가 우리 나라 민주주의를 살릴 가장 큰 책임을 떠맡고 있다고 했다.

나는 민주주의가 이 땅에 뿌리 내리지 못하는 가장 큰 원인이 교육에 있다고 본다. 아이들 교육한다는 것이 군대식 훈련이 되어 있고, 민주주의를 용납하지 않는 생각과 느낌을 가지도록 하고 행동을 하도록 키우고 있는데 어떻게 민주 사회가 되겠는가?[1]

이렇게 민주 국가와 민주 사회를 이루는 가장 확실한 방법이 교육이라고 하였다. 민주주의 교육은 결코 책을 읽어 지식을 얻는다고 되는 것이 아니라, 몸을 움직이고 몸으로 창조하는 삶 속에서 배우는 것이라고 하였다. 그리고 민주 교육을 하는 데 가장 바탕이 되는 중요한 공간이 교실이라고 하였다.

한 교실을 영토로 가진 학급이야말로 가장 든든하고 확실한 교육의 자리다. 아무리 포악한 교육 행정이라도 학급의 교육을 완전히 깔아뭉갤 수는 없다고 본다. 따라서 담임 교사가 아이들 편에 서서 참교육을 하겠다는 결심만 한다면 아무리 나쁜 상황이라도 민주 교육을 어느 정도 할 수 있고, 아이들을 지킬 수 있을 것이다.[2]

이오덕은 어린이들이 단 한 해만이라도 민주 학급에서 살 수 있다면 그다음에 좋지 않은 교사를 담임으로 만나더라도, 한 해 동안 얻은 귀한 체험을 바탕으로 죽을 때까지 바르게 살 수 있다고 믿었다. 그런 아이들 가운데서는 절대로 독재자가 나오지 않는다고 하였다. 그런 의미에서 지난날 박정희나 전두환 같은 독재자를 가르친 교육

---

1. 이오덕(1990), 《참교육으로 가는 길》, 한길사, 67~68쪽
2. 같은 책, 68쪽

자, 특히 초등학교 때 담임들은 그 책임을 면할 수 없다고 하였다.

'민주 학급에서 살아 본 어린이들은 결코 독재자나 깡패나 사기꾼으로 자라지 않을 것'이라는 이오덕의 주장을 실제로 증명할 통계나 근거를 대기는 어렵다. 그러나 그런 믿음 자체가 잠재 교육 과정에 중요한 영향을 끼친다는 것은 분명하다. 교사들이 자기가 맡은 교실을 가장 중요한 교육 공간으로 보고, 앞서 말한 믿음을 갖고 꾸려 간다면 당장 그 해 그 학급 어린이들이 행복하게 살 수 있다는 것만으로도 충분히 가치가 있다.

이오덕은 이런 믿음으로 1980년대 교육 운동 탄압을 강하게 비판하였다. 우리 교육에 뿌리 깊이 자리 잡고 있는 비민주성을 몰아내고 제대로 된 민주주의를 가르쳐야 한다고 주장하는 교사들을 교실에서 내쫓는 현실을 보며, 이런 모습이 바로 우리 교육이 상식 아래에 머물러 있음을 말해 준다고 하였다. 민주 교육을 말하는 교육자가 죄인이 되는 나라, 이것은 일제 교육 찌꺼기가 아니라 바로 일제 교육 그대로가 펄펄 살아 날뛰고 있는 셈이라고 지적하였다. 그리고 이제는 역사가 바뀌어 민주 교육을 할 때가 왔다고 하였다.

이오덕이 생각하는 민주 교육이란 아이들을 멸시하는 것이 아니라 높이 보는 교육, 이웃과 동족을 미워하는 것이 아니라 내 몸같이 사랑하는 인간관과 교육관의 커다란 옮겨 바꿈이다.[3]

민주의 삶을 몸으로 익히게 하는 것 — 이것 없이 우리 겨레의 교육이 있을 수 없다.(줄임) 교사는 민주의 삶을 지도한다기보다

---

3. 같은 책, 17~18쪽

함께 살아가야 할 사람이다. 민주의 삶은 '함께 살아가기'다. 지금까지의 교육은 국토와 민족뿐 아니라 한 사람 한 사람을 갈라놓고 서로 미워하고 적이 되도록 하는 분단 교육이었다. 남이야 어찌 되든 나 혼자 잘 살면 그만이라는 생각을 갖게 하는 비인간적 반민주 교육이었다. 이런 교육을 깨끗이 청산하고, 이런 교육으로 입은 해독을 풀어서 사람의 마음을 자유롭게 하고, 함께 살아가는 마음을 기르지 않으면 우리는 살아갈 수 없게 되어 있다.[4]

이런 민주 교육을 시작하려면 교사들의 교육관이 크게 바뀌어야 하는데, 이때 교사들이 새로 봐야 할 점 네 가지를 제시하였다.

첫째는 아이들을 민주의 눈으로 보는 것이요,
둘째는 민주 교육의 이념과 목표를 세우는 일이요,
셋째는 민주의 삶을 가르치는 일이요,
넷째는 교사들이 스스로 주인됨을 찾아 가지는 일이다.

이오덕은 이것들이 민주 교육의 길을 달리는 네 개의 수레바퀴, 또는 민주 교육의 큰 집을 떠받치는 네 개의 기둥인 셈이라고 하였다.
민주 교육을 하기 위해서는 이렇듯 교육자들이 앞장서서 실천해야 한다. 담임 교사가 학급 사회를 이루는 한 사람으로 아이들과 같이 평등하게 모든 규율을 지키고 생활하며 어린이 마음을 이해하려고

---

4. 같은 책, 69쪽

애써야 한다. 또한 학급 아이들이 자기가 겪은 일을 자유롭게, 솔직하고 자세하게 쓸 수 있어야 한다. 그런데 학급과 학교에서 민주주의가 이루어질 때 어린이들이 자유롭게 솔직한 글을 쓸 수 있고, 교육자들은 그러한 글을 읽으면서 어린이들을 좀 더 정확하게 이해할 수 있게 된다.

그래서 이오덕은 민주 교육을 위해 '삶을 가꾸는 교육' 곧 '참교육'을 해야 한다고 했고, 중요한 방법으로 '삶을 가꾸는 글쓰기 교육'을 제시하였다. 어린이들이 자유롭고 솔직한 글을 쓸 수 있도록 지도하고, 어린이들이 그런 글을 쓸 수 있느냐 없느냐를 민주 교육 성패를 가름하는 잣대로 보았다.

민족 교육

이오덕은 민주주의 삶을 가르치는 교육은 바로 우리 겨레의 혼을 이어 가는 교육이라고 하였다. 민주 교육이 민족 교육에 바탕이 된다는 뜻이다. 민주 교육을 해야만 민주 사회가 될 수 있고, 민주 사회가 되어야만 민주 국가를 만들 수 있으며 민주 국가를 만들어야 우리 민족의 삶을 올바르게 가꿀 수 있다. 그렇게 해서 눈앞에 놓인 가장 큰 문제인 민족 분단을 이겨 낼 수 있다는 생각이다. 민주 교육의 목적이 '함께 살기'라고 하는 까닭도 거기에 있다. '함께 살기' 교육이란 가난한 아이들과 부자 아이들이 함께 살고, 공부 못하는 아이들과 공부 잘하는 아이들이 함께 어울려 살아가도록 하는 것이다. 또 힘이 센 아이들과 약한 아이들이 함께, 몸과 마음에 장애가 있는 아이들과 온전한 아이들이 함께, 어른과 아이들이 함께, 더 나아가 남녘과 북녘이 함께 살기 위한 교육인 것이다. 더불어 함께 살도록 가르치는 교육은 민주 교육을 바탕으로 하여야만 하며, 민주 교육이 잘되어야 민족 교육도 제대로 할 수 있다고 이오덕은 굳게 믿었다.

이오덕은 민족의 혼을 살리는 민족 교육 방법으로 부모와 교사의 말하기 교육을 중요하게 여겼다. 부모와 교사가 하는 말, 가르치는 말이 곧 어린이들의 민족혼을 이룬다는 것이다. 따라서 가정은 물론 학교에서도 교사들이 우리 말과 글을 바르게 써야 한다고 주장했다.

> 교사의 말은 아이들의 가슴에 우리 민족의 혼을 심어 주게 될 것이다. 우리의 말은 우리 민속의 피요, 생명이다. 우리의 민족 정신을 기르는 교육은 이러한 순수하고 아름다운 우리 말을 아이들에게 들려주는 것 이외에 더 효과적인 방법이 없다. 아이들이 언제나 귀를 기울여 재미있게 들을 수 있도록 말을 해 주고 얘기를 들려주는 유치원이나 초등학교 선생님들이야말로 우리 민족의 혼을 키워 가는 교사라 할 수 있다.[5]

교과서에 있는 글을 읽어 주는 데 그치고 있는 지금 교육 현실을 생각할 때, 순수하고 아름다운 우리 말로 이야기를 들려주는 것은 교사들한테 참으로 절실한 과제라고 할 수 있다.

이처럼 이오덕은 민족혼을 이루는 가장 중요한 요소로 '언어', 곧 우리 말과 우리 글을 꼽았다. 교육자들이 어린이들한테 쉽고 깨끗하고 아름다운 우리 말을 들려주어야 하고, 어린이들이 우리 말과 글을 소중하게 여기며 마음껏 표현할 수 있도록 지켜 주어야 한다고 했다.

---

5. 이오덕(1984), 《삶을 가꾸는 글쓰기 교육》, 한길사, 83쪽

곧 삶을 가꾸는 글쓰기 교육을 해야 한다는 것이다. 예순이 넘어서 우리 말과 글 바로 쓰기 운동을 적극 펼쳤던 까닭도 우리 민족의 삶을 가꾸는 일이라고 믿었기 때문이다.

인간 교육

인간 교육이란 사람을 사람답게 대접하는 교육, 사람을 사람으로 키우는 교육, 사람이 사람답게 살 수 있도록 키우는 교육이다. 그동안 교육 현장에서는 '전인(全人) 교육'이라는 말을 많이 썼다. 그러나 실제로는 대학에 들어가기 위한 지식 암기, 점수 따기 경쟁 교육으로 아이들을 몰아 대고 있다. 이오덕은 이러한 교육 현실 때문에 아이들이 인간성을 잃고 있다고 비판하면서, 삶을 가꾸는 글쓰기 교육이 이렇게 고통받고 있는 아이들을 살릴 수 있다고 하였다.

오늘날 우리 교육에서 다른 어떤 일보다도 앞세워 이뤄 가야 할 과제가 있다면 아마도 어린이들에게 인간다운 마음을 지켜 가도록 하는 일일 것이다. 그 까닭은 어른들은 물론이고 어린이마저 인간성을 차츰 잃어 가고 있는 위기에 놓여 있기 때문이다. 인간을 잃어버리려고 하는 막다른 상황에 내몰리고 있는 우리들은 그야말로 배수의 진을 치고서 모든 힘을 한데 모아 이 일을 수행해 나가기 위해 스스로의 몸을 방패로 삼지 않으면 안 되게 되었다. 인간성 수호의 교육은 어린이 각자가 자기 자신을 지키고 살려 나가도록 하는 데서 출발한다. 개성과 창조력을 뻗어 나게 하는 글쓰기 교육이 인간 구원의 교육으로서 모든 교육의 중핵이 되는 까닭이 여기에 있다.[6]

자기를 구원한다는 것은 자기 속에 갇힌다는 것이 아니다. 자기 속에 갇히는 것은 자기를 소외시키는 비인간적 태도다. 외부와(남들과)의 관계를 단절시키고 자기만 결백하려 하고 자기만 행복하려 하는 사람은 본인이야 의식하든 안 하든 결과적으로 남을 해치는 사람이다. (줄임) 자기 구원은 남과의 관계에서 이뤄지지 않고는 불가능하다. 한 학급에서 글재주 있는 아이(?) 몇 사람만을 상대로 해서 이상야릇한 글 꾸며 만들기를 가르쳐 글쓰기 교육의 이름을 팔거나, 자주적이고 창조적인 삶을 북돋워 주는 노력은 추도 없이 시류를 따르고, 연중행사로 써야 할 몇 가지 글 제목에만 관심을 기울여 글짓기 선수의 훈련이나 하고 있다면 이것이 어찌 장사꾼 노릇과 구별될 수 있겠는가. 그릇된 글짓기 교육이 보여 주고 있는 역기능은 실로 무서운 것이다. 그것은 어린이들을 제각기 분열시키고 소외시키며, 비인간적인 삶으로 내몰고 있는 것이다.[7]

이오덕은 이 사회 거의 모든 어린이들이 이렇게 마음에 상처를 입고 있는 것이 아닌가 걱정했다. 인간성을 되찾아 주기 위해 우리 교육을 돌이켜 봐야 한다고 힘주어 말했다.

삶을 가꾸는 글쓰기 교육을 인간 교육의 중요한 방법으로 보고, 목표는 "사물을 인식하는 힘을 기르고, 올바른 삶의 자세를 몸에 붙이며, 우리 말을 바르게 써야 한다는 깨달음을 갖게 하는 것"이라고 했다. 이에 따라 "교육 과정을 잘 살려 각 지역에 맞게 실천하려면 인간

---

6. 같은 책, 28~29쪽
7. 같은 책, 29쪽

교육의 차원에서 보다 절실하고 보다 포괄적인 이러한 목표를 아울러 세워"⁸ 두어야 한다면서, 우리 교육자들은 무엇보다도 글쓰기 교육의 본질을 알고 참된 '인간 교육'을 해야겠다는 신념을 가져야 한다고 하였다.

일과 놀이 교육

이오덕은 자세한 것은 사람마다 다르겠지만 만약 모든 사람이 갖고 있는 삶의 목표가 있다면 '즐겁게 일하면서 살아가는 것'이라고 보았다. 이것은 인간이면 누구나 갖고 있는 희망이라고 확신했다.

사람들은 흔히 엄청난 착각을 한다. 그것은 일을 안 하고 편안하게, 편리하게 살아가는 것이 삶의 목표라고 말이다. 그래서 일을 하는 것도 장차 일을 안 하기 위해서 그 준비로 어쩔 수 없이 참아 가면서 하는 것이라고 말이다. 그러나 이것은 이만저만 잘못된 생각이 아니다.

사람이 일을 안 하면 그때는 죽는다. 죽어서야 일을 안 하게 된다. 살아 있는 한에는 일을 안 할 수 없다. 일을 안 하면 그 몸과 마음이 병든다. 편안하게 살아가는 사람치고 건강한 사람은 절대로 없다. 또 편하게 산다는 것이 한갓 환상이다. 편안하게 보이는 것은 남의 삶을 멀리서 바라보았을 때지, 거기 살고 있는 사람은 편안이 없다.

---

8. 같은 책, 107쪽

인간의 역사는 물질의 넉넉함과 편리함을 개인 중심으로 추구하는 그릇된 삶의 추구 때문에 멸망의 길을 달리고 있다. 모든 사람은 서로 뺏고 빼앗기고, 미워하고 적이 된다. 인간은 모든 자연을 파괴하여 지구를 생명이 붙어 살 수 없는 땅덩이로 만들어 놓고 있다. 이것은 일하기를 싫어하고, 일을 자기는 안 하고 남에게만 강요해서, 즐거워야 할 일이 괴로운 것으로 되어 버렸기 때문이라고도 할 수 있다.

우리가 만일 이 땅에서 희망을 가지고 살아가려고 한다면 모든 사람이 일하는 사회를 만들어야 한다. 그리고 무엇보다도 아이들에게 일을 가르쳐야 한다. 아이들을 채찍질해서 점수 따기 경쟁을 시키는 짓을 곧 그만두고, 일하는 가운데서 공부하고, 일하는 것이 공부가 되도록 하고, 일하는 것이 즐거운 놀이가 되도록 하는 교육을 해야 한다. 그래야만 아이들은 사람다운 느낌과 생각을 가지게 되고, 사람다운 행동을 하면서 자라난다. 인간의 사회와 역사가 살아나도록 하는 길은 이것밖에 없다.[9]

이렇듯 일이야말로 사람을 사람답게 만들고, 모든 역사와 참된 문화를 만들어 낼 수 있는 본바탕이라고 하였다. 일하는 사람을 높이 보고 일하는 스스로를 자랑스러워하는 태도를 가르치는 것보다 더 소중한 교육은 없으며, 이것이 나라를 살리는 교육이라는 것이다.

일을 안 하고 살려면 다른 사람이 일해서 얻은 결과를 빼앗아 살 수밖에 없고, 이렇게 되면 서로 뺏고 빼앗기는 다툼이 끊일 수 없다. 남

---

9. 이오덕(1990), 《참교육으로 가는 길》, 한길사, 24~25쪽

의 것을 빼앗는 사람은 이미 마음이 병든 사람이다. 그러니 일을 안 하고 편하게 산다는 사람은 모두 이미 병든 사람들이라는 것이다. 겉으로 볼 때는 편안하게 사는 것 같지만 그 속은 결코 편안한 삶이 될 수 없다.

일하는 가운데 공부가 되고, 일하는 것이 공부이자 즐거운 놀이가 되어야 한다는 이오덕의 주장은 '일과 공부와 놀이'를 하나로 보는 데서 출발한 것이다. '놀이'라는 말은 곧 '즐겁다'는 뜻을 품고 있기 때문에 '일이 즐거워야 하고, 공부가 즐거워야 한다'는 말과도 통한다.

이오덕은 참사람을 키우는 교육이 되려면 아이들에게 몸으로 하는 일을 시켜야 한다고 하였다. 몸으로 일을 해야 머리도 바로 쓰게 된다. 그래야 사물의 참모습을 알고 이치를 깨닫게 되며, 사람다운 감정을 가지게 되고, 올바른 생각을 하게 된다. 움직이지 않고 가만히 앉아서 생각만 하거나 책을 읽고 지식을 받아들이기만 해서는 결코 건강한 사람이 될 수 없다.

더구나 아이들은 온몸을 움직이면서 자라나는 생명이 아닌가. 일이란 몸과 마음을 써서 무엇을 만들어 내는 것이지만, 나이가 아주 어린 아이들에게는 놀이가 된다. 학교에 들어가서는 학습을 하게 되는데, 학습 활동은 머리뿐 아니라 손과 발과 온몸을 쓰는 일이 되어야 한다. 이렇게 일과 놀이와 공부를 아우른 활동을 하게 하는 것이 가장 바람직한 교육이다.

이오덕은 일하기가 아주 옛날부터 인간을 교육하기에 가장 효과가 좋은 방법으로 알려졌다고 하였다. 어떤 분야에서든 사람이 흘리는 땀이 얼마나 소중하고 위대한지, 그러나 동시에 일이 사람을 행복하게 하지 못하고 끔찍한 불행으로 몰아가기도 하였다는 사실을 깨달게 해 주어야 한다. 그렇게 해서 어떻게 하면 사람이 하는 일이 평화를 가져오고, 모든 사람을 행복하게 할 수 있는가 생각하게 만드는 것이다.[10]

이오덕은 '일하기 교육'의 원칙으로 다음 다섯 가지를 제시하였다.

첫째, 모든 사람이 다 해야 한다. 한 사람도 빠지는 일이 있어서는 안 된다. 한 학급을 단위로 하는 교육이라면 그 학급 어린이 모두가 참여해야 한다.

둘째, 학습하는 아이들 힘에 맞게 해야 한다. 결코 힘에 넘치는 일을 하도록 할 것이 아니다.

셋째, 일의 결과보다 과정을 무겁게 여겨야 한다. 결코 어떤 결과를 얻기에 바빠서는 안 된다.

넷째, 일하는 시간이 너무 길어서는 안 된다. 예상한 결과를 얻지 못하더라도 아이들이 일에 지쳐 있거나 일하기가 지겨운 상태가 되었으면 곧 그만두는 것이 좋다.

다섯째, 보람을 느끼도록 해야 한다. 그렇게 하자면 학습자 스스로 목표를 세우고, 계획을 짜고, 일을 한 다음에는 그 과정과 결과를 살펴서 서로 의논하고 반성하고 평가하도록 해야 할 것이다.[11]

그리고 국어 교과서에 일하는 삶을 바르게 바라보도록 해 주는 글, 일하는 삶을 보여 주고 일하는 삶에서 우러난 느낌과 생각을 쓴 좋은

---

10. 같은 책, 145~146쪽
11. 같은 책, 147쪽

글들을 많이 실어서 가르쳐야 한다고 하였다. 그래야 아이들이 삶에 대해 바른 태도를 가질 수 있기 때문이다.[12]

생명 교육

이오덕은 민주주의 삶의 밑바탕으로 생명 존중 사상을 중요하게 여기며, 그것을 생태주의 관점에서 바라보고 있다. 사람은 벌레 한 마리, 풀 한 포기도 아무런 까닭 없이 죽이거나 짓밟을 권리가 없다면서 생명 존중과 자연 보존 교육을 어릴 때부터 해야 한다고 주장하였다.

그리고 아이들이 식물과 동물을 대할 때처럼 같은 인간을 대할 때도 잔인성을 나타내고 있다고 비판했다. "바깥에서 아이 우는 소리가 나서 가 보면 정신 박약에 가까운 아이를 여러 놈들이 둘러싸고 놀리고 있다. 하급생들에게 싸움을 붙여 놓고 쳐라, 까라, 하고 응원하고 있는 아이들은 어느 학교에서도 볼 수 있다"[13]며, 자기들보다 못나고 약해 보이는 아이들을 괴롭히는 것도 사람보다 약한 동식물을 멸시하고 괴롭히는 마음과 태도에서 나온다고 하였다. 또한 "남의 것을 해치는 것은 예사로 알지만 제 집 안에 있는 것은 나무든지 짐승이든지 물건이든지 아낀다. 다만 그것이 돈으로 쳐서 값이 있을 경우다. 값어치가 없을 때는 비록 제 것이라도 여지없이 버린다. 곡식이고 나무고 곤충이고 동물이고 사람까지 그 값을 돈으로 매기는 세상이 되었다"[14]며, 모든 것을 대할 때 그 존재 가치보다 소유 가치, 그리고 돈

---

12. 같은 책, 150~151쪽
13. 이오덕(1977), 《이 아이들을 어찌할 것인가》, 청년사, 73쪽
14. 같은 책, 75쪽

으로 바꿀 수 있느냐 없느냐를 따지게 되었다고 꾸짖었다.

> 농촌 아이들이 생명을 참혹하게 다루어 죽이는 까닭을 나는 이렇게 생각한다. (줄임) 농촌 아이들은 예외가 없이 모두 부모들과 같이 들과 산에 가서 노동을 하고 있다. 이 노동은 식물과 동물을 기를 뿐 아니라 불행하게도 그것을 뿌리 뽑고 혹사하고 죽이는 과정이 되어 있다. 자연을 정복하고 자연을 약탈하는 것이다. 더구나 자본주의 경제 체제 속에 있는 농촌의 농민들은 '농(農)은 천하의 근본'이란 생각과 위치에서 아주 전락하여 상공업 중심으로 한 도시에 자연 자원을 긁어 대고 잡아 모아 공급하는 일을 하기에 정신이 없다.[15]

인류가 에덴동산에 있는 사과를 따 먹던 것처럼 자연물 채집에서 벗어나 농사를 짓기 시작한 것부터가 어쩌면 신의 영역에 도전한 일인지도 모른다. 더욱이 농경 사회에서는 농사가 식구들이 먹을 식량을 구하기 위한 것이었는데, 산업 사회에 들어와서는 농산품과 자연 자원을 공산품 재료로 제공하여 돈을 벌기 위한 수단으로 떨어졌기 때문에 생명을 멸시하고 착취하는 온갖 잔인하고 추악한 버릇들이 늘어나고 있는 것이다.

추악한 어른들의 행습을 아이들이 본받고 있다는 것, 그리고 아이들이 그런 짓을 조금도 부끄러워하지 않고 당연한 것처럼

---

15. 같은 책, 77쪽

생각하는 것은 무서운 일이다. 앞으로 몇십 년 후, 극단의 이기주의와 잔인성과 비뚤어짐 속에서 자라난 이 아이들이 참된 민주 사회를 창조하여 자유와 평화를 누리고 살리라고 어떻게 말할 수 있겠는가?[16]

이렇듯 도시 어린이는 물론 농촌 어린이까지 자연을 정복하고 약탈하는 현상을 비판하면서, 동식물 학대가 사람한테도 그대로 벌어지고 있다고 여러 글에서 되풀이해 지적하고 있다. 따라서 자연과 모든 동식물을 인간의 것으로 여기고 소유 가치로 보는 것이 어째서 나쁜가 깨닫게 해야 한다고 하였다.

생명의 존엄함을 가르쳐 주십시오. 벌레 한 마리도 이유 없이 죽일 권리가 사람에게는 없다는 진리를 깨닫게 해 주신다면 얼마나 좋을까요. 아이들의 착하고 아름다운 마음은 이런 깨달음에서 피어납니다. 그리고 전쟁의 참담함, 전쟁을 일으킨 인간의 죄악상을 가르치는 것도 중요하겠지요. 남을 해치는 게 어째서 나쁜가 몸으로 깨닫게 해야겠습니다. 환경을 오염해서는 안 된다는 가르침을 주어야 합니다. 자기가 먹고 마시고 놀거나 공부한 자리를 더럽혀서는 사람 노릇을 할 수 없다는 마음가짐을 항상 가지게 하고, 자기의 몸에서 오염 물질이 나오지 않는 삶을 살아가도록 해야 합니다. 이러한 생명 존중과 자연 보존에 대한 교육은 아주 어릴 때부터 해야 합니다. 사람은 누구든지 어릴 때

---

16. 같은 책, 78쪽

에 이런 가르침을 받으면 지극히 자연스럽게 그런 삶이 몸에 붙지만, 자라난 다음에 가르치면 대단히 어렵습니다.[17]

자란 다음에는 어렵기 때문에 학교에서부터 어린이를 지키는 문학과 삶을 가꾸는 글쓰기 교육을 해야 하고, 생명의 존귀함을 자연스럽게 몸에 배도록 하는 생명 교육을 해야 한다고 주장하였다.

생명 교육의 한 가지 방법으로, 사랑하는 마음을 가지고 자연을 자세히 살펴볼 수 있도록 해야 한다고 했다. 또 나무 한 그루 풀 한 포기 이름이라도 잘 가르쳐야 하고, 천천히 자세히 관찰하면서 그릴 수 있도록 해야 한다고 하였다. 개울가에 놓여 있는 돌멩이 하나라도 소중하게 여겨 하느님이 놓아 주신 그 자리를 함부로 옮겨서는 안 된다는 것을 가르쳐야 한다고 하였다. 이러한 교육 사상과 방법을 현장에서 가장 잘 실천하고 발전시킨 교사로 이호철을 꼽을 수 있다.[18]

지금까지 살펴본 것처럼 이오덕이 주장하고 실천한 교육은 민주 교육, 민족 교육, 인간 교육, 일과 놀이 교육, 생명 교육으로 정리할 수 있다. 이러한 교육 사상과 이에 뿌리를 두고 실천해 온 교육 내용을 스스로 '삶을 가꾸는 교육', 나아가 '참교육'이라고 하였다. 이오덕의 교육 사상과 방법은 교육 전체를 포괄하고 있다. 이오덕은 미술

---

17. 이오덕(1990), 《참교육으로 가는 길》, 한길사, 83쪽
18. 이호철은 한국글쓰기교육연구회 회원으로 활동하면서 경상북도에서 초등학교 교사의 길을 걸어 왔다. 이호철은 주마다 손으로 써서 만든 학급 신문 〈꽃교실〉을 전국 회원들한테 보냈는데, 〈꽃교실〉은 천 호 넘게 펴낸 학급 신문으로 이름나 있다. 이호철이 실천한 교육 내용을 1994년부터 보리출판사에서 《살아 있는 글쓰기》《살아 있는 그림 그리기》《재미있는 숙제, 신나는 아이들》《살아 있는 교실》 들로 펴내면서 큰 반응을 일으켰다.

교육이나 음악 교육에도 깊은 관심을 보였고, 초등학교 교과 아홉 가지에 대한 생각을 하나하나 말하기도 했다.

그러나 이오덕이 가장 힘썼고 가장 놀라운 실천 성과를 우리 사회와 교육계에 보여 준 것은 역시 삶을 가꾸는 글쓰기 교육이다. 이오덕은 쓰기 교육을 중심으로 국어 교육 모든 영역에 걸쳐 새로운 길을 보여 주었고 스스로 실천하였다.

2. 국어 교육 바꾸기

이오덕이 어린이들을 직접 지도한 것 가운데서는 글쓰기 교육, 그 중에서도 시 쓰기 교육 성과가 가장 뚜렷하다. 이는 이오덕이 가르친 어린이들 시 모음《일하는 아이들》《우리도 크면 농부가 되겠지》《참꽃 피는 마을》같은 여러 책에서 확인할 수 있다. 시 쓰기를 비롯해 이오덕이 중요하게 실천한 내용은 곧 국어 교육 모든 영역과 아주 가깝게 맞닿아 있다.

제7차 교육 과정에서는 국어 교육 과정이 "21세기를 주도할 자율적이고 창의적인 한국인을 육성하기 위해 자율과 창의에 바탕을 둔 학생 중심 교육 과정을 지향하고 있음"[1]을 밝히고 있다. 그리고 이를 구현하기 위한 내용을 '듣기, 말하기, 읽기, 쓰기, 국어 지식, 문학'이라는 여섯 가지 영역으로 나누어 놓았다. 제6차까지 '말하기→듣기' 순이었던 것을 제7차에서 '듣기→말하기' 순으로 고쳤는데, 학

---

1. 교육인적자원부(2002),《초등학교 국어 교사용 지도서》, 10쪽

습자의 언어 발달 단계를 헤아린 것이라고 하였다.[2]

이오덕이 연구하고 실천한 교육을 살펴보면 국어 교육 과정에서 나누어 놓은 여섯 가지 영역과 모두 관계가 있다. '듣기'와 '말하기' 영역에서는 '말하기→듣기'로 이루어진 웅변이나 동화 구연 형태 교육을 비판하면서 '듣기→말하기'가 삶을 가꾸는 교육이라고 하였고, 이를 '마주이야기'라고 이름 붙였다. '읽기' 영역에서는 어린이들이 글을 읽는 주체가 되어야 하며, 어린이를 지키는 문학을 읽을 수 있도록 해야 한다고 하였다. 또 '쓰기' 영역에서도 어린이들이 글쓰기 주체가 되어야 하고, 솔직하고 자세하고 분명하게 자기 삶을 표현하며, 자기와 다른 사람 삶을 가꿀 수 있는 가치 있는 글을 써야 한다고 하였다. 그리고 '국어 지식' 영역에서는 문법 지식을 익히는 것을 넘어서 쉽고 깨끗하고 아름다운 우리 말과 우리 말법을 알고 쓰자는 '우리 글 바로 쓰기' 운동으로 그 테두리를 더욱 넓혀 주었다. 끝으로 '문학' 영역에서는 스스로 동시와 동화, 수필과 평론을 썼으며, 어린이들 삶을 가꿀 수 있으려면 문학을 어떻게 받아들이고 창작해야 할지 연구하고 실천하였다.

이오덕은 이렇듯 국어 교육을 이루는 여섯 가지 영역에 걸쳐 끊임없이 연구하고 실천하였고, 그것을 바탕으로 교육 사상 내용과 방법을 마련하였다.

---

2. 같은 책, 20~21쪽

듣기, 말하기 교육—마주이야기

이오덕은 사람이 자기 느낌이나 생각이나 주장을 몸짓, 말, 글, 그림, 노래 들로 나타내 보이는 것을 '표현'이라고 규정하였다.

> 사람은 누구든지 그 마음속에 쌓인 생각을 밖으로 나타내어 보이려고 하는데, 여러 가지 개인의 사정이나 사회적인 관계에서 그것이 제대로 안 되는 경우가 흔하다. (줄임) 어느 때 어떤 수단으로든지 그것이 밖으로 터져 나오지 못하면 필경 병이 들고 만다. 모든 표현의 수단을 빼앗기고 표현의 길이 꽉 막혀 버린 사람은 죽을 수밖에 없다.[3]

이처럼 사람이 '표현'한다는 것은 마치 숨을 쉬는 것과 같다고 하였다. 아이들이 자유롭게 표현하도록 가르치는 것은 몸과 마음이 건강하게 자라나도록 하기 위해서다.

아이들은 온갖 방법과 모습으로 자기표현을 하려고 하는데, 그 가운데서도 교육에서 가장 중요하게 여겨야 하는 것이 말하기와 그리기와 글쓰기 세 가지다. 여기서 가장 먼저 가르쳐야 할 일이 말하기인데, 사람은 말로써 가장 자세하고 깊은 생각, 오묘한 느낌을 표현할 수 있기 때문이라고 하였다. 생각은 말로 이루어져 있다고 할 수 있다. 그래서 말은 가장 널리 쓰는 표현 수단이고, 어려서부터 울음과 몸짓 다음으로 일찍 배운다. 아이들은 가정에서 듣기를 중심으로

---

3. 이오덕(1990), 《참교육으로 가는 길》, 한길사, 89쪽

처음 말을 배우고, 학교에 들어가서는 듣기보다 말하기에 더 힘을 기울인다고 하였다.

사람의 몸이 어머니 젖을 먹으면서 자라난다면 정신과 혼은 어머니 말을 들으면서 자라난다고 할 수 있다. 갓난아기는 어머니를 비롯해 식구들이 하는 말을 들으면서 말을 배우고, 할 수 있게 된다. 따라서 집에서 아이한테 말을 들려주고 아이들이 듣는 것은 가장 오래된 언어 학습 과정이다.

그런데 집에서 하는 듣기 중심의 말 교육이 옛날과는 아주 달리 버림받고 있거나 잘못되어 있다. 부모들은 이제 아이들에게 다정한 목소리로 고향의 말을 들려줄 줄 모른다. 그리고 아이들을 마주 보지 않고 돌아앉아 텔레비전 화면에 눈이 가 있고, 거기서 들리는 앵무새 같은 말소리에만 귀를 기울이고, 아이들에게도 그것을 듣게 한다. 그래서 아이들과 부모 사이에 주고받는 말이 없어졌다. 학교에 들어가면 말하기 교육은 한층 비참하다. 아이들은 1학년에서부터 말하기보다는 글자 쓰기에 온 힘과 정신을 들여야 한다. 공부하는 차례가 듣기→ 말하기→ 읽기→ 쓰기, 이렇게 되어야 할 터인데, 거꾸로 쓰기부터 시작해서는 그만 쓰기로 끝나 버리는 것이 지금의 국어 교육이다. 이 쓰기는 물론 글쓰기가 아니라 글자만 베껴 쓰는 쓰기다.[4]

초등학교 입학하자마자 '읽기 ↔ 쓰기' 중심에, 그나마 '쓰기' 도

---

4. 같은 책, 97~98쪽

교과서 내용 받아쓰기나 베껴 쓰기 중심으로 지도하는 현실을 비판한 것이다.

이오덕은 이처럼 '듣기→ 말하기' 교육의 중요성 때문에 교사의 말하기에 깊은 관심을 가졌다. 학교 교육에서 아이들이 듣는 것은 주로 교사의 말이다. 그것은 말하기의 본을 보여 주는 일이 된다면서, 교사의 말하기에 대해 다음과 같이 세 가지를 제안하고 있다.

첫째, 교사는 평소 학습 시간이나 그 밖의 기회에 아이들을 상대로 말을 할 때 될 수 있는 대로 알아듣기 쉬운 말을 정확한 발음으로 간명하게 해 주는 것이 좋다. 이것은 글쓰기의 준비이자 국어 교육의 출발이요, 모든 교육의 기초가 되는 것이다.

둘째, 교사들은 아이들에게 관료적인 말, 요식적인 말을 안 쓰도록 노력해야 한다. 위압감을 주는 말을 쓰지 말아야 한다. 경박한 유행어, 외래어를 삼가야 하며, 어려운 말이나 유식한 말도 피해야 한다.

셋째, 될 수 있는 대로 순수한 우리 말을, 아이들에게 친근감을 주는 생활의 말을 천천히 다정한 음성으로 들려주는 것이 좋다.[5]

이와 함께 듣기 교육이라면 어린이들이 마음 깊이 감동할 동화다운 동화를 들려주어야 하고, 말하기 교육이라면 모든 아이들이 평소 제 생각을 분명히 말할 수 있도록 온갖 기회에 지도해야 한다고 하였다. 또 말 잘하기 선수를 기른다고 동화답지도 않은 동화를 억지로 외우고 어색한 몸짓을 익히게 하거나, 자연스러운 말씨가 아니라 노

---

5. 이오덕(1984), 《삶을 가꾸는 글쓰기 교육》, 한길사, 83쪽

래하듯 연극하듯 동화 구연이나 웅변을 하게 하는 것은 아이들을 병들게 하는 노릇이라고 하였다.

이오덕은 듣기와 말하기 교육 방법으로 '마주이야기'를 중요하게 여겼고, 《우리 문장 쓰기》에서 중요성을 자세히 짚었다.

> 편지글체는 마주이야기라지만 한쪽 말만을, 그것도 한쪽에서 계속 말한 것만을 쓴 글의 형태지만, 이런 한쪽 말에서 더 나아가, 주고받는 말을 모두 적는 형식의 글이 당연히 있어야 하고, 실제로 있다. 이런 마주이야기는 소설이나 동화 같은 글에서 흔히 나오고, 또 마주이야기만을 적은 글이 있어, 이것을 문학에서는 희곡이라고 말한다는 것은 누구나 알고 있는 터다. 그런데 지금까지는 이 마주이야기를 하나의 문체로 보지 않고, 문장 표현의 한 가지 기교로만 여겼는데, 이제부터는 훌륭한 하나의 문체로 보고 발전시켜 나가는 것이 좋겠다고 생각한다.[6]

이러한 생각을 한국글쓰기교육연구회 회원인 아람유치원 원장 박문희가 '마주이야기 교육'으로 발전시켰고, 마주이야기교육연구소를 만들어 활발하게 활동하고 있다. 박문희가 유치원 어린이들과 함께 실천하고 있는 마주이야기를 이오덕은 '우리 겨레 교육의 자랑'이라고 하였다. 이오덕은 마주이야기 교육이란 어린이들에게 이것을 해라, 저것을 외워라 하면서 끊임없이 아이들을 끌고 다니거나 머릿속에 무엇을 넣어 주려고 하는 교육이 아니라, 그런 잘못된 교육의

---

6. 이오덕(1992), 《우리 문장 쓰기》, 한길사, 115쪽

해독을 풀어 주는 교육이라고 했다.[7] 마주이야기는 어디까지나 아이들 편에서 모든 것을 보고 듣고 느끼고 생각함으로써, 아이들이 둘레 사람들 말을 잘 알아듣고 자기 생각을 솔직하고 정확하게 잘 말하여 건강한 마음과 몸을 가진 훌륭한 사람으로 자라도록 하는 길인 것이다.

읽기 교육—마음을 살찌우는 글 읽기

읽기는 쓰기와 동전의 양면 같은 관계로, 국어 교육에서 가장 중요한 활동이라고 할 수 있다. 쓰기는 말하기와 함께 '표현'을 중심으로 하고, 읽기는 듣기와 함께 '이해와 해석'을 중심으로 한다. 더 폭넓게 말한다면 읽기와 쓰기는 국민 누구나 받아야 하는 의무 교육이고, 모든 교과 교육 활동을 할 수 있는 바탕이 된다.

특히 읽기 교육은 어린이들이 학교를 졸업하고도 평생 글과 만나게 하고, 책을 삶의 벗으로 삼을 수 있도록 문을 열어 주는 교육이다. 이오덕은 "책은 억지로 읽힐 것도 아니고, 못 읽도록 금할 것도 아니다. 읽고 싶어 스스로 읽도록 해 주는 것이 교육"[8]이라면서, 자유로운 독서 환경을 마련해 주고 스스로 책을 읽고 싶어 하는 마음을 일깨우는 것이 중요하다고 하였다. 그러나 현실은 책을 읽을 만큼 마음이 안정될 수 없는 환경에, 읽을 시간도 없고, 억지로 읽히고 억지로 독후감을 쓰게 하기 때문에 어린이들이 읽기를 싫어하게 된다고 하였다. 이는 교사들도 마찬가지라면서 책 한 권 읽기보다는 공문서 쓰는

---

7. 박문희(2000), 《마주이야기 시 1—침 튀기지 마세요》, 고슴도치, 5쪽
8. 이오덕(1977), 《이 아이들을 어찌할 것인가》, 청년사, 195쪽

데 더 신경을 써야 하는 교육 현실을 비판하였다.

> 책을 읽도록 마음이 안정될 수 없는 환경, 책을 읽을 필요가 없는 시대가 되어 버렸다. 책보다 실제 사무 기술이나 처세 요령 같은 것이 영리한 교사들이 터득해야 할 어쩔 수 없는 목표가 되었다. 책이란 바보같이 살아가는 사람이나 읽는 것이고, 돈이 있으면 방 안의 장식물로 꽂아 놓는 것으로 되어 버렸다.[9]

이렇게 우리 교육 현실이 교사들이 책을 읽을 수 있는 여건을 만들어 주지 못하고, 책을 부지런히 읽어 새로운 교육 사상과 방법을 공부하지 않아도 교사 생활을 하는 데 별 어려움이 없음을 안타까워하였다.

> 자유교양고전독서대회란 것이 있다. 하도 책을 안 읽으니 이런 것을 강요하는가 모르지만, 참된 독서 습관을 기르는 데는 나쁜 결과를 가져올 것이 근심된다. (줄임) 독서 감상문 쓰기 교육이란 것이 헛된 이름을 내기 좋아하는 이들에 의해 경쟁이 되고, 매스컴과 교육을 사칭하는 어중떠중한 단체들이 동원되어 몹시 비틀어진 모습으로 유행이 되고 있다. (줄임) 책을 읽는 것보다 감상문을 잘 쓰는 것이 목표가 되었으니 주객이 거꾸로 되었다 아니할 수 없다.[10]

---

9. 같은 책, 194쪽
10. 같은 책, 195쪽

읽기 교육에 대한 이오덕의 생각이 씨앗이 되어 만들어진 단체 가운데 어린이도서연구회를 손꼽을 수 있다. 1980년에 서울양서협동조합 산하 단체로 만든 어린이 독서 문화 운동 단체로, 이오덕이 쓴 어린이 문학 평론집 《시정신과 유희정신》에서 비롯되었다. 1986년부터 〈우리 말과 삶을 가꾸는 글쓰기〉와 견줄 수 있는 〈마음을 살찌우는 글 읽기〉를 달마다 펴냈으며, 1993년부터 '동화 읽는 어른' 모임을 만들기 시작하여 지금까지 전국 곳곳에서 활발히 활동하고 있다. 좋은 책을 권하는 학년별 권장 도서 목록을 내고, 책이 귀한 농어촌 섬이나 외딴 마을, 도시에 사는 가난한 어린이들에게 좋은 책 보내기 운동도 펼치고 있다. 이오덕은 처음부터 어린이도서연구회와 함께하였고, 법인 이사와 자문 위원으로 활동하였다.

쓰기 교육—삶을 가꾸는 글쓰기

국어 교육 과정 가운데 쓰기 교육에는 '글씨 쓰기'와 '글쓰기' 둘 다 들어 있다. 이오덕은 글씨 쓰기보다 글쓰기에 집중하였고, 글쓰기 가운데서도 시 쓰기 교육을 중심으로 연구하고 실천하였다. 글씨 쓰기에 대한 생각은 일반론과 별다를 바 없었다. 모든 학교에서 한글을 가르치지만 아직도 국민들 대부분이 맞춤법을 정확히 모르고 띄어쓰기를 잘못하고 있는데 결코 한글이 어려워서가 아니라고[11] 비판하거나, 아이들이 알기 쉽게 또박또박 정확하게 써야 하며 아이가 글씨를 모르면 억지로 쓰게 하지 말고 부모나 교사가 아이 말을 받아써야 한

---

11. 이오덕(1983), 《거꾸로 사는 재미》, 범우사, 226쪽

다고 주장한 정도다.

그에 견주어 글쓰기 교육 영역은 평생에 걸쳐 가장 큰 관심을 갖고 힘썼다. 이오덕의 교육 사상을 떠받치는 가장 중요한 실천 방법이 '삶을 가꾸는 글쓰기 교육'이며, 이를 통해 '삶을 가꾸는 교육' 곧 '참교육'이 옳다는 것을 스스로 확인할 수 있었고, 자기 교육 사상을 많은 사람들한테 널리 알릴 수 있었다. 따라서 글쓰기 교육은 이오덕 교육 사상과 실천의 핵심을 이루고 있다고 할 수 있다.

> 글이란 단순히 글자라는 부호를 집합시켜 놓은 것이 아니다. 글은 사람의 생각, 곧 정신을 나타낸다. 글은 곧 길(진리)이다. 그러고 보니 '글'과 '길'은 묘하게도 닮았다. 가운데 홀소리 하나가 다를 뿐이다. 글을 가르치는 것은 길을 가르치는 것이다. 가르친다고 하지 않고 보여 준다고 해도 좋고, 길을 가도록 도와준다고 해도 좋다. 어쨌든 글을 가르치는 사람은 진리를 가르치는 사람이다.[12]

글쓰기 교육은 곧 사람이 살아가는 옳은 길을 가르치는 일이기 때문에 모든 교육자들이 갖추어야 할 밑바탕이라고 하였다. 교육자들이 체육, 음악, 미술을 잘 가르치는 것도 좋은 일이지만 글 한 편 제대로 못 쓰는 것을 아무렇지 않게 여기는 경향은 큰 문제라고 하였다.

교육자들이 글 쓰는 일을 두려워해 꺼리고 글을 쓰지 못하는 것을 부끄럽게 여기지 않는 것도 문제지만, 또 한편으로는 글쓰기를 글 가

---

12. 이오덕(1984), 《삶을 가꾸는 글쓰기 교육》, 한길사, 32쪽

지고 장난하는 취미쯤으로 알거나, 어른 문학가들이 쓴 문학 작품을 모방하는 꼬마 문학인 같은 손재주를 훈련하거나, 대회에서 상을 타는 데 목적을 두고 삶과는 상관없는 거짓 글 꾸미기 재주만을 가르치는 문제도 심각하다고 하였다. 이런 잘못된 글짓기 교육은 아이들이 자라면서 꼭 해야 하는 생명 표현을 억압하거나 왜곡하기 때문이다.

이오덕은 생명을 표현하는 방법들 가운데서 말하기와 그리기보다 더 심하게 악용되어 온 것이 글쓰기라고 하였다. 실적을 좇는 교육 행정이 글쓰기를 도구 삼아 순순한 아이들 의식을 마비시키고 세뇌해 왔다는 것이다.

> (글쓰기는) 아이들의 마음과 삶을 알아 내는 귀중한 수단이다. 그뿐 아니라 아이들의 생각과 삶을 키워 가는 가장 효과 있는 교육의 방편이다. 이토록 소중한 교육 수단이 아이들의 생각을 퇴화시키거나 마비시키고, 불성실하거나 거짓스럽게 또는 잔인하게 살아가는 인간을 키우는 수단으로 떨어져 버렸다.[13]

이렇게 지적하면서, 다음 다섯 가지가 그 원인이라고 하였다.

첫째, 해방 이후 우리 글을 처음 가르치면서 교과서에 아이들의 삶이 담긴 교재를 싣지 않고, 글을 쓸 때도 삶이 없는 문인들의 글만을 본보기로 하여 흉내 내기를 시켰기 때문이다.

둘째, 행정이 아이들에게 잘못된 관념이나 천박하고 성급한 교훈

---

13. 이오덕(2004), 《아이들에게 배워야 한다》, 길, 96~97쪽.

을 주입하는 수단으로 글짓기를 시켰다는 점이다. 대부분 아이들이 학교에서 보통 쓰는 글이란 게 공문으로 지시해서 어쩔 수 없이 쓰게 되어 있는 반공 글짓기, 새마을, 애향단 청소, 질서 지키기, 불조심, 세금, 저금 따위다.

셋째, 교육 행정 관료와 대부분의 교사들은 아이들이 삶을 정직하게 쓴 글을 두려워하고 기피하는 경향이 있다.

넷째, 문인들의 창작 이론을 아이들의 글짓기 지도에 적용한 것도 교육을 크게 그르친 원인이 되었다. 아이들이 자기 체험을 쓰는 글과 문인들이 창작하는 글은 그 쓰는 태도에서 아주 다르다. 그런데 우리 교육자들은 글짓기 교육의 이론을 스스로 실천하는 가운데서 세우지 못하고 문인들의 창작 이론에 기대어 아이들을 지도했고, 문인들이 엉뚱하게 교육자들을 지도하는 꼴이 되었다.

다섯째, 국어 교과서가 이런 흉내 내기 글짓기를 하도록 만들어졌다.

이 가운데서 세 가지를 중요하게 짚어 볼 수 있다. 하나는 글짓기 지도에서 어른 문학가들이 쓴 문학을 흉내 내게 했다는 것이고, 둘은 글짓기 행사가 국가나 사회 정책을 홍보해서 실적을 쌓는 데 쓰였다는 것이고, 셋은 교사들이 아이들 삶을 가꾸기 위한 생명 표현으로서 글쓰기 교육의 길을 찾지 못하고 문인들 창작 이론에 기댔다는 것이다.

어른이 쓰는 글은 실용문과 비실용문으로 뚜렷하게 나눌 수 있는데, 문학은 비실용문에 드는 글이다. 그러나 아이들이 쓰는 글은 대부분 실용문과 비실용문으로 나누기 어렵다. 이는 마치 아이 행동에서 일(노동)과 놀이(유희)를 나누기 힘든 것과 같다. 곧 아이들은 실용문과 비실용문으로 나뉘기 전 단계에서 글을 쓰기 때문에, 어른이 쓰는 비실용문인 문학 창작 방법을 흉내 내도록 지도하는 것은 잘못이라는 것이다.

이오덕은 이런 문제에서 벗어나 삶을 가꾸는 글쓰기 교육을 하려면 아이들이 '쓰고 싶은 마음'이 일어나, '쓰고 싶은 것'을 마음대로 붙잡아 쓸 수 있게 도와주어야 한다고 했다. 아이들이 무언가 쓰고 싶어 하는 마음을 갖는 것이 무엇보다도 중요하다. 아이들은 어떤 일에 관심이 쏠리면서 기쁘거나 괴롭거나 답답하거나 그립거나 한 온갖 감정들을 시원스럽게 남에게 털어놓고 싶어 할 터인데, 그런 일을 생생하게 되살려 정직하고 자세하게 쓰도록 하면 된다.[14] 이것이 글쓰기 교육에서 가장 중요하게 생각해야 하는 것으로 글쓰기 교육의 시작이며 끝이라고 했다.

이오덕은 글쓰기 교육이 "사물을 바르게 인식하고 보다 풍성한 삶을 영위하는 진실한 인간이 되도록 하기 위해, 모든 교과에서 배운 지식과 현실에서 얻은 체험과 생각들을 종합해서 주체적으로 판단하여 자신의 삶을 개척하고 창조해 나가도록 도와주는 일"[15]이라고 정의하였다. 그러면서 이를 위한 글쓰기 교육 목표 일곱 가지를 아래와 같이 제시하였다.

첫째, 보고 듣고 생각한 것을 솔직한 태도로 쓰게 한다. 이것은 어린이의 순수성과 정직성을 키우기 위함이다.

둘째, 무엇이든지 쓰고 싶은 것을 자유스럽게 쓰게 한다. 글을 쓰는 어린이 자유의 확보 없이 참된 글이 쓰여질 수 없다.

---

14. 이오덕(1984), 《삶을 가꾸는 글쓰기 교육》, 한길사, 23쪽
15. 같은 책, 75쪽

셋째, 제 것을 귀하게 여기는 마음을 갖게 한다. 자기 삶을 긍정하고 자기만이 가진 느낌이나 생각을 소중히 여기도록 한다. 어린이의 개성과 창조적 재질은 삶에 대한 자신과 긍지에서 비로소 피어날 수 있기 때문이다.

넷째, 실제의 삶에서 우러난 살아 있는 느낌과 생각을 쓰게 한다. 교사나 그 밖의 어른들의 가르침을 그대로 따르거나, 남들의 주장에 동조하기만 하는 태도, 교과서나 그 밖의 책에 나오는 글의 내용을 머리로 익혀 그것을 약삭빠르게 흉내 내는 태도를 글재주라고 훌륭하게 볼 것이 아니라 오히려 부끄럽게 여기도록 한다. 그리하여 실제의 삶에서 우러난 생생한 느낌과 생각을 귀하고 가치 있는 것으로 여기고, 그러한 느낌과 생각을 쓰는 즐거움을 누리게 한다.

다섯째, 자기 자신의 말로, 살아 있는 일상의 말로 쓰게 한다.

여섯째, 쉽고 아름다운 우리 말을 정확하게 쓰게 한다.

일곱째, 자기와 남과의 관계, 부분과 전체의 관계를 인식하고, 사상을 총체적으로 파악 판단하며, 그리하여 인간스러운 감정과 올바른 삶의 자세를 몸에 붙이도록 한다.

곧 글쓰기 교육이란 "어린이의 마음과 삶을 키워 가는 것이다. 다시 말하면 풍부한 인간적 감정을 가지고 바르게 생각하고 판단하면서 행동하는 민주적 인간을 기르는 것"[16]이다. 이러한 글쓰기 교육을 이어 가는 단체로는 한국글쓰기교육연구회가 손꼽을 만하다. 1983년 만들어져 이오덕의 '삶을 가꾸는 글쓰기 교육' 사상과 방법을 우

---

16. 같은 책, 76쪽

리 교육 현장에서 실천하는 데 앞장서 왔고, 현재 스무 곳 넘게 지역 모임을 만들어 공부하고 있다. 실천 과정을 회보 〈우리 말과 삶을 가꾸는 글쓰기〉에 담아서 다달이 펴내고 있으며, 회원들이 학급 글쓰기 교육으로 얻은 성과를 여러 책으로 펴내어 교육 현장에 제공하고 있다.

문학 교육—어린이를 지키는 문학

문학 교육은 문학 창작과 문학 감상 교육으로 나눌 수 있다. 이오덕은 문학 창작에서 어른 글쓰기와 어린이 글쓰기를 나누고, 어린이가 어른이 쓴 문학 작품을 흉내 내는 방법으로 문학 창작 교육을 해서는 안 된다고 하였다. 그리고 어른이 어린이를 위해 쓰는 문학은 어린이를 지키고 살리는 일을 하기 때문에 어린이문학가의 책임이 매우 무겁고, 이런 좋은 문학 작품을 골라 어린이들이 자유롭고 즐겁게 볼 수 있도록 여건을 만들어 주고 지도 방법을 개발해야 한다고 하였다. 첫걸음으로 교사가 어린이문학을 읽고, 어린이들한테 좋은 문학을 읽어 주고 들려주는 일을 해야 한다고 하였다.

> 일부 어린이만을 상대로 하는 문학 교육은 시인이나 소설가를 만들려는 교육이요, 우등생이나 열등생이나 모든 어린이들을 상대로 하는 글짓기 교육은 인간을 키워 가는 인간의 교육이다. 이 두 가지는 엄연하게 구별이 되어야 하겠다. 특수한 기술을 습득시키는 교육이 아니라, 모든 교과 학습과 생활을 귀결지어 완성시키는 방법이요, 모든 교과의 중핵이 되는 교육, 인간을 인간으로서 키워 가는 교육 그것이 바로 글짓기 교육인 것이다.[17]

이처럼 문학 교육과 글쓰기 교육을 엄격하게 갈라놓아야 한다고 하였다. 교육 목적이 다르기 때문에 그에 맞는 교육 방법을 써야 한다는 것이다. 어린이가 어른이 쓴 동시를 흉내 내거나 어린이문학가들이 동시 창작하는 방법을 따르도록 지도해서는 안 된다는 주장에서 그 방법 차이가 뚜렷이 드러난다.

이오덕이 말하는 '글쓰기'는 '문학'이라는 말보다 훨씬 뜻이 넓다. 문학은 어른들이 쓰는 여러 가지 글쓰기 갈래 가운데 한 가지로, 어른들이 쓰는 글에서도 일부분이라는 것을 확인할 필요가 있다고 하였다.

이오덕은 글쓰기를 어린이의 글쓰기와 어른의 글쓰기로 나누고, 어린이의 글쓰기를 다시 산문 쓰기와 시 쓰기로 나누었다. 어른의 글쓰기는 실용문 쓰기와 비실용문 쓰기로 나누고, 비실용문에 드는 문학을 다시 '어른을 위한 문학'과 '어린이를 위한 문학'으로 나누었다. 시도 '어른을 위한 시'와 '어린이를 위한 시'로 나누었다. 곧 어린이들이 쓰는 산문이나 시를 어른이 쓰는 어린이문학인 동화나 동시와 뚜렷하게 나누어 놓은 것이다.

'어린이는 동화나 동시를 쓸 수 없고, 어린이한테 동화나 동시를 쓰게 해서도 안 된다' '문학 교육과 글쓰기 교육은 분명히 다른 방법으로 접근해야 한다'는 이오덕의 주장은 그이가 나름대로 세워 놓은 '글쓰기 갈래'[18]를 바탕으로 이해해야 한다. 그래야 《일하는 아이들》 《우리도 크면 농부가 되겠지》 같은 어린이 시 모음을 보고, '자기는 어린이들한테 동시 지도를 하면서 왜 하면 안 된다고 하느냐'는 오해

---

17. 이오덕(1965), 《글짓기 교육—이론과 실제》, 아인각, 4쪽
18. 이오덕(1984), 《삶을 가꾸는 글쓰기 교육》, 한길사, 28쪽

를 하지 않을 수 있다. 이오덕이 지도한 '어린이가 쓴 시'도 넓게 보면 문학 창작이 분명하지만 글 갈래표에서 좁은 뜻으로 규정한 '동시'와 같은 문학 창작은 아니기 때문이다.

 이오덕은 지금까지 '어린이 시'와 '어른이 어린이를 위해 쓴 시'를 나누지 않고 모두 '동시'라 했다고 비판했다. 이제는 '어른이 어린이를 위해 쓴 시'는 '동시'라 하고, 어린이가 쓴 시는 그냥 '시'라 하자고 제안하였다. 이런 생각을 바탕으로 어린이는 동화나 동시를 쓸 수 없으며, 그런 어른 문학을 흉내 내게 해서도 안 되며, 어른들이 문학을 창작하는 방법으로 어린이들이 글을 쓰게 지도해서도 안 된다고 주장한 것이다.

 이 때문에 이오덕이 말하는 '문학 교육'은 사실상 창작이 아니라 '어른이 쓴 문학 작품 읽기와 감상'으로 제한되어 있고, 이를 위해서 어른이 어린이에게 주기 위해 쓴 어린이문학 작품에 대해 비평을 하고 있는 것이다. '민주, 민족, 인간, 일과 놀이, 생명' 교육 사상을 모두 담고 있는 '어린이 삶을 가꾸는 교육' '어린이 삶을 지키는 문학'이라는 관점에서 어린이문학을 비평하고 있기 때문에, '문학성'보다 '교훈성'을 높이 두고 어린이문학을 본다는 비판을 받기도 한다. 그러나 이러한 비판 전에 이오덕의 비평 잣대가 되는 '삶을 가꾸는 교육'이 무엇을 의미하는가 더 깊이 살펴봐야 한다고 생각한다.

 지난 반세기 동안 우리 나라 아이들 거의 모두가 학교 교실에서 교과서에 실린 동요나 동시로, 또는 겨레의 삶을 외면하는 이야기나 일하면서 살아가는 사람들을 멸시하는 생각을 가지게 하는 글을 본보기가 되는 틀로 삼아서 아이들이 그것을 따라 쓰도록 하는 교육을 하여 왔다. 그 결과 어떻게 되었나? 신문이나 잡지에 실려 나왔던 아이들 글이, 백일장이나 글짓기 대회에서 상을 탄 아이들의 글이 어떤 글이었던가? 그 몇십 년 동안 단 한 편이라도 감동을 받을 만한 글이 어디서 나왔던가? 이것은 참으로 끔찍한 일이다. 깊이 잘 생각하면 한국전쟁에서 수백만의 사람들이 총에 맞고 불에 타 죽은 것보다 더 심각하게 우리 역사의 앞날을 어둡게 하고 비참하게 하는 일이라고 알아야 한다. 끊임없이 태어난 아이들을 반세기 동안 어떤 틀에 가두어서 똑같은 꼴로 찍어 내면서 그 순진한 마음과 깨끗한 감성을 모조리 짓밟아 죽여 버렸으니 이게 어디 예삿일인가?[19]

이처럼 겨레의 삶과 일하는 사람들의 삶을 외면하고 업신여기는 어린이문학, 동화와 동시를 비판하였다.

이오덕은 아이들이 읽게 되어 있는 책 가운데서 그래도 아이들을 덜 괴롭히는 책, 더러는 아이들이 즐겨 읽게 되는 책이 문학책이고 이야기책이고 동화책이라고 하면서 이런 어린이문학이야말로 우리 아이들을 겨레의 아이가 되게 하는, 가장 귀중한 교육 수단이라고 하였다.[20]

그러므로 어린이문학은 마땅히 우리 아이들을 풀어 놓아 주고 아이들 숨통을 틔워 줘야 한다. 아이들이 세상을 올바른 눈으로 보도록 하고, 자연의 소리를 듣게 해야 한다. 사람다운 감정과 생각을 갖고 사람다운 행동을 하도록 도와줘야 한다. 부질없이 다른 나라 것을 쳐다보고 부러워하도록 만드는 이야기나, 수단 방법을 가리지 않고 자

---

19. 이오덕(2002),《문학의 길 교육의 길》, 소년한길, 70~71쪽
20. 이오덕(2002),《어린이책 이야기》, 소년한길, 6쪽

기 욕심만 채우려는 이야기로 채워진 문학이 아닌지 살펴야 한다. 그러한 생각을 바탕으로 어린이들이 읽어서 좋은 어린이책과 그렇지 않은 어린이책을 갈라놓아야 한다고 하였다.

지금 아이들이 읽고 있는 책들을 살펴보면 겉모양부터 눈길을 끌려고 요란하게 꾸며 놓고 그저 얄팍한 재밋거리를 주는 책이 많다고 하였다. 또 기괴한 이야기를 제멋대로 해 놓거나, 어수선한 글로 머리를 어지럽게 하는 책이 너무나 많다고 비판하였다. 나아가 깨끗한 우리 말로 된 책, 잘못된 말을 퍼뜨리지 않는 책도 좀처럼 볼 수 없다며, 우리 어린이문학이 올바른 우리 말을 아이들에게 전해 주고 우리 얼을 살리는 일에 마음을 모아 주었으면 좋겠다고 하였다.

이런 정신을 바탕으로 이오덕은 어린이들한테 주어야 할 어린이문학 작품의 기준 열 가지를 세웠다.

첫째, 무엇보다도 일하면서 살아가는 아이들의 생활과 감정과 꿈을 그들의 편이 되어 그릴 것이다.

둘째, 불행한 아이들에 대해서 단지 그들을 글감으로 이용하는 것이 아니라, 그들의 세계에 들어가 그들과 같이 살아가는 마음으로 진정 그 불행을 해결해 주고 혹은 덜어 주어야겠다는 사람다운 사랑으로 그들을 그려야 한다.

셋째, 짓밟히고 학대받는 모든 생명에 대한 동정은 서민들의 것이다.

넷째, 평화 통일을 염원하는 민족 감정의 표현.

다섯째, 압제에 버티는 정신과 평화주의 사상.

여섯째, 세련되고 영리하고 약빠른 아이보다 촌스럽고 어리석은 아이들에 대한 이해를 보여 주는 것은 더욱 사람답고 우리 겨레다운 태도다.

　일곱째, 모든 사람다운 생각과 감정을 옹호해야 한다.

　여덟째, 그 밖에 서민들 특유의 생활과 감정의 세계를 표현하는 것이 바람직하다.

　아홉째, 앞에서 열거한 주제들을 작품으로 잘 형상화해서 아이들이 재미있게 읽을 수 있도록 한다.

　열째, 아이들이 알 수 있는 쉽고 바른 우리 말로 쓴다.[21]

　이 열 가지 기준 가운데서 가장 논란이 되고 오해를 받는 것이 첫째 항목인데, 바로 '일하면서 살아가는 아이들'에 대한 것이다. 곧 일하는 아이들이 어떤 아이들이냐는 것이다. 이오덕이 농촌에서 아이들을 가르치던 시절에는 '일하는 아이들'이 있었고, 도시에서도 집이 가난해 학교에 가지 못하는 '일하는 아이들'이 있었으나 이제는 없다는 비판이 생겼다.[22]

　이오덕은 이에 대해 '일하는 아이들은 버려야 할 관념인가'[23]라는 글에서, 일하는 아이들을 크게 잘못 보고 하는 비판이라고 하였다. 일하는 것이 즐거운 놀이가 되고, 또 그것이 바로 공부가 되어야 하기 때문에 '일하는 아이들'이란 어느 시대 어느 곳에서나 인간답게 자라기 위해 어린이들이 살아야 할 현실이라고 반론하였다.

　이오덕은 이런 어린이문학을 창작하는 작가들이 지켜야 할 태도와 피해야 할 태도로 일곱 가지씩을 들었다.

---

21. 이오덕(2002), 《문학의 길 교육의 길》, 소년 한길, 27쪽
22. 김이구, '아동문학을 보는 시각—일하는 아이들 이후의 길', 〈아침햇살〉 1998년 가을 호
23. 이오덕(2002), 《문학의 길 교육의 길》, 소년한길

〈어린이문학 작가들이 지켜야 할 창작 태도〉

첫째, 돈과 물질적 겉모양으로 모든 가치가 매겨지는 사회와는 전혀 다른 정신적 질서의 세계를 창조해 보여 주는 것은 참으로 중요한 일이다.

둘째, 민족과 아동의 현실을 바로 보고 인간적 양심을 가지고 문학을 창조해야 한다.

셋째, 아동 세계에 침투되어 있는 힘의 숭배 태도를 바로잡고 참된 민주 정신을 심어 주어야 한다.

넷째, 가난하고 약한 자에게 위안과 희망, 용기를 주어야 할 것이다. 불행한 사람을 함께 손잡고 살아가야 하는 것은 우리 모두의 인도적 책임이란 것을 깨닫게 한다.

다섯째, 거짓스럽고 비뚤어진 것을 그대로 눈감아 버리지 말고 그것을 비판하고 바로잡는 양심과 정의감을 몸에 붙이도록 하는 것이 바람직하다.

여섯째, 꾀부리고 약빠른 처세술이 어린이의 세계에서 경멸되고, 솔직 소박하고 순진한 동심이 옹호되어야 한다.

일곱째, 열등의식을 불식시켜 주는 적극적인 주제와 내용이 아니라도, 모든 어린이가 실감할 수 있는 참된 세계를 보여 주는 것은 어린이를 문학의 주체로 파악하여 그들의 정신을 충만하게 하여 주는 훌륭한 아동문학이 될 수 있을 것이다.

〈어린이문학 작가들이 피해야 할 창작 태도〉

첫째, 우리 민족의 처지에서 당치도 않은 사치한 생활과 감정의 표현.

둘째, 입신출세식 사고와 생활 모습을 긍정적으로 그린 작품.

셋째, 현실을 기피한 폐쇄 심리 속에서 그리는 백일몽을 문학적 상상으로 알고 있는 작품.

넷째, 어른 중심의 취미, 오락 관심을 그린 것, 아동을 완구나 도구로 보는 태도의 작품.

다섯째, 성인문학을 모방하는 상태에 빠진 것, 내용이 없는 장식 문장으로 된 것, 감각적 기교주의 작품.

여섯째, 세상 모든 것이 어린이를 위해 있는 것처럼 보여 주는 안이한 사고 위에 이뤄진 작품, 인간의 삶을 왜곡시켜 표현한 것, 리얼리티가 없는 것.

일곱째, 아동의 생활과 감정을 이탈한 작품을 비호하는 비뚤어진 문학 이론, 아동을 멸시하고 아동과 아동문학에 대한 신념을 동요시키는 결과를 가져오는 불성실한 발언.[24]

이처럼 이오덕은 어린이문학이 우리 겨레와 어린이 삶을 가꾸고, 나아가 자연 생태계 모든 생명체들이 평화롭게 공존하며 사는 데 이바지해야 한다고 본다.

어린이문학이 어린이 교육과 삶에 보탬이 되어야 한다는 이런 관점은, 문학은 오직 문학 그 자체로 존재해야 한다는 관점과 오랫동안 부딪쳐 온 것이고 앞으로도 이런 충돌은 계속 이어질 것이 분명하다. 이오덕은 이에 대해 "오늘날 우리 나라에는 아동문학을 아주 시시한 문학으로 보고, 또 이 아동문학이 교육과는 관계가 없는 것으로 보는 견해가 보편화되어" 있으며, "심지어 아동문학 작품을 쓰는 일부 작

---

24. 이오덕(1977), 《시정신과 유희정신》, 창작과비평사, 34~35쪽

가들까지도 아동문학에서 교육성을 생각해서는 안 되며, 아동문학도 문학인 이상 어디까지나 문학의 독자성, 순수성을 지켜야 한다" "즉 문학에서 사상을 배제해야 한다"고 주장하는데 "이것은 아주 그릇된 생각"[25]이라고 말한다.

이오덕은 문학가이기 전에 교육자이기 때문에 한결같이 문학을 교육 수단으로 주장하고 있다고 볼 수도 있겠지만, 사실 어떤 문학이든 그 시대와 역사와 사람의 삶을 피해 갈 수는 없는 것이다. 더욱이 어린이문학은 어린이 삶에 끼치는 영향을 결코 무시할 수 없다.

이오덕의 어린이문학 정신에 따라 만든 단체로는 한국어린이문학협의회가 있다. 1986년부터 이오덕이 이원수 문학 공부방을 꾸리다가 1989년 만든 단체다. 이원수 문학의 밤, 어린이문학 작가 교실을 열면서 많은 어린이문학 작가를 낳았고, 지금까지 계간 〈어린이문학〉을 꾸준히 펴내고 있다.

우리 말 교육—겨레를 살리는 말과 글

이오덕의 우리 말 바로 쓰기 운동이 사회 표면에 드러난 것은 1989년 《우리 글 바로 쓰기》가 나오면서다. 하지만 그동안 꾸준하게 주장하고 실천해 온 내용을 모아서 낸 책인 만큼, 그전부터 우리 말 바로 쓰기에 깊은 관심을 갖고 노력해 왔다는 것을 알 수 있다.

이오덕이 우리 말에 대해 갖고 있던 생각은 일찍이 1960년대 발표한 글에서 찾아볼 수 있다. 〈새교실〉 1965년 6월 호에 실린 '우리 말

---

25. 이오덕(1984), 《어린이를 지키는 문학》, 백산서당, 145쪽

에 대하여'에서, 교육 현장에서 쓰고 있는 일본 말 찌꺼기, 그 가운데서도 반민주주의 사상을 담고 있는 몇 가지 말을 비판하면서 뚜렷하게 밝히고 있다.

    말은 그 민족의 피라 한다. 그 피가 풍부한 영양소를 받아들여 순수한 빛깔로 돌아가고 있으면 그 민족이 건강하게 자라고 있는 증거요, 그와 반대로 온갖 불순한 요소로 인하여 흐려지고 정체되고 있으면 그 민족은 병들어 있다고 볼 수밖에 없다. 지금 우리 민족의 피에는 온갖 협잡물이 함부로 뒤섞여 있는 것 같다. 나는 지금 투르게네프가 러시아 말의 위대함에서 러시아 민족의 앞날을 믿는 것과는 전혀 반대되는 비판적인 심정으로 우리 말과 우리 민족의 앞날을 걱정하지 않을 수 없다.[26]

    말과 글이 어지럽게 되었다. 말의 혼란은 의식의 혼란이고 의식의 혼란은 삶의 혼란이다. 말과 글을 틀리지 않게 써야 하고, 흉내를 내지 말아야 하고, 장난삼아 쓰지 말아야 한다. 그리고 회일적으로, 강압적으로 써서도 안 된다. 실체가 없는 말, 감동이 따르지 않는 말, 삶에서 유리된 쭉정이 같은 말이 허공에 난무하는 사회가 되지 않도록 우리 모두 말을 순화하기에 힘써야 하겠다. 말의 순화는 삶의 순화다.[27]

말과 의식과 삶은 깊은 연관이 있다면서 말을 바르게 쓰는 것은 곧

---

26. 이오덕(1983), 《거꾸로 사는 재미》, 범우사, 145쪽
27. 같은 책, 228쪽

삶을 바르게 사는 것이라고, 삶을 가꾸는 말이라는 관점에서 우리 말을 바르게 써야 한다고 주장하였다. 곧 이오덕의 우리 말과 글 바로 쓰기는 '삶을 가꾸는 교육'에서 언어 영역에 들어맞는 것이며, 말과 글에 대한 민주주의와 민족주의 원칙을 내놓은 것이다.

《우리 글 바로 쓰기》에서는 남의 나라 말을 생각 없이 마구 쓰는 것이 얼마나 큰 손해를 보는 일이며 우리 말을 더럽히고 우리 정신을 짓밟는 바보스런 짓인가 짚어 놓았다. 꼭 필요하지 않은 남의 나라 말을 함부로 들여와 섞어 쓸 때나 쉬운 우리 말을 버리고 어려운 말을 함부로 쓰면 생기는 문제를 지적한 것이다. 아래 문제점들을 읽다 보면 삶을 가꾸는 교육과 참된 민주주의를 이루는 과정에서 말과 글이 얼마나 중요한지 분명하게 알 수 있다.

첫째, 말과 글을 공연히 어렵게 만든다.
둘째, 우리 자신의 생각이나 삶에 꼭 붙은 우리의 말글이 아니다. 따라서 남의 나라 사람들의 감정이나 체계, 생활 태도를 우리 자신 알게 모르게 따라가게 된다.
셋째, 우리 말의 아름다움을 깨뜨린다.
넷째, 말과 글이 따로 떨어져, 우리 삶과 삶의 느낌을 바르고 자유스럽게 글로 표현할 수 없다.
다섯째, 말과 글이 일반 민중들에서 떠나 비민주적인 길로 가게 되고, 따라서 사람들의 생각이나 행동이 비민주적으로 되기 쉽다.
여섯째, 우리 말이 잡스럽게 되는 것은 마침내 우리 겨레의 넋이 말에서 떠나 버리는 것이다.[28]

이오덕이 아름답고 쉬운 우리 말을 써야 한다는 이 같은 생각을 교사가 되면서부터 곧바로 실천한 것은 아니다. 1965년 '우리 말에 대하여'에서 민주주의와 민족주의 정신을 바탕으로 우리 말과 글을 생각하고 있음이 분명히 드러나기는 하지만, 실천에서는 조금씩 발전해 왔다.

1960년대에 처음 펴낸 책《글짓기 교육—이론과 실제》는 제목부터 '글짓기 敎育'이라고 한자를 섞어 썼고, 부제도 '理論과 實際', 이름도 '李五德 著'라고 한자로 썼으며, 내용도 국한문 혼용이다. 1970년대를 대표하는 책 가운데 하나인《시정신과 유희정신》도 제목과 이름이 모두 '詩精神과 遊戲精神' '李五德 評論集'처럼 한자로 되어 있다. 그러나 내용에서 글 제목은 국한문 혼용으로 쓰고, 본문은 모두 한글로 쓰되 한자가 필요할 때만 '시관(詩觀), 지적(知的), 화장술〔美學〕'처럼 괄호에 써 넣었다. 한글로만 써서는 독자가 잘못 이해할 수 있거나, '화장술'처럼 스스로 만든 말의 뜻을 확실하게 해 두기 위해서였을 터이다. 그렇다고 해도 그 당시 다른 이론 서적이나 평론집들보다는 국한문 혼용이 적었고, 되도록 우리 말과 글을 쓰려고 애썼음을 알 수 있다.

이오덕이 우리 말과 글 쓰기에 더 조신하게 되는 것은 1980년대부터다. 1980년대를 대표하는 책 가운데 하나인《삶을 가꾸는 글쓰기 교육》을 보면 처음으로 책 제목, 이름, 내용이 모두 한글이다. 본문에 한자를 쓰는 것도 훨씬 줄어서 '사심(邪心)'처럼 뜻을 헷갈릴 수 있는 말 정도만 썼다. 이 또한 당시 국한문 혼용 신문이나 다른 학술 서적과 견주어 본다면 한 걸음 앞선 노력이라고 할 수 있다.

---

28. 이오덕(1989),《우리 글 바로 쓰기》, 한길사, 11쪽

이오덕은 《우리 글 바로 쓰기》를 내놓으면서 머리말에 다음과 같이 자기 잘못을 고백한다.

> 우리는 누구든지 학교에 들어가기 전에 부모로부터 평생을 쓰게 되는 일상의 말의 대부분을 배웠다. 그러나 학교란 곳에 들어가고부터는 집에서 배운 말과는 바탕이 다른 체계의 말을 익혀야 했다. 그래서 부모한테서 배운 말을 부끄럽게 여기고 잊어버리게 하는 훈련을 오랫동안 받았던 것이다. 학교뿐 아니라 사회에 나와서도 그랬다. 나 개인의 지난날을 돌아보면 어렸을 때 배운 모국어를 학교와 사회에서 끊임없이 빼앗기고 또 스스로 짓밟으며 살아왔다는 사실을 나이가 육십이 훨씬 넘은 이제 와서야 겨우 깨닫게 되었다.[29]

그리고 그동안 자기가 써 온 글 또한 그런 굴레를 벗어나지 못했다면서 그동안 펴낸 책을 고치기 시작하였다. 《참교육으로 가는 길》 제4부 '이 아이들을 어찌할 것인가'를 보면 전에 썼던 글들을, 한자를 쓰지 않아도 되게끔 고쳐 놓았다. 이 책에는 한자가 하나도 없다.

이오덕이 1980년대 말부터 한글로만 글을 쓸 수 있게 된 것은 자기 노력도 있었지만 우리 사회가 그만큼 한글 시대로 발전한 덕이 크다. 한글로만 써도 권위가 떨어진다거나 하는 일이 없게 되었고, 한글 가로판 일간지가 국민들 호응을 받으면서 나왔으며, 한자를 섞어 쓰지 않아도 문맥으로 이해할 수 있는 한글 세대들이 사회 주력 세대로 자

---

29. 같은 책, 3쪽

라났다.

　이 때문에 이오덕이 시대보다 한 걸음 앞서 주장하고 실천한 우리 말과 글 바로 쓰기 운동이 여러 분야에서 호응을 받을 수 있었고, 우리 한글 운동사에 큰 이정표가 된 것이다. 만일 1990년대 같은 우리 말 바로 쓰기 운동을 1970년대에 주장했다면 사회에서 거부 반응이 심해 이처럼 큰 영향을 주기 어려웠을 것이다. 이오덕은 끊임없는 관심과 예민한 직관으로 이제는 꼭 이 일을 해야 하는 때가 되었음을 정확하게 본 것이다.

　이오덕과 함께 우리 말과 글 바로 쓰기 운동을 펼친 단체로는 우리 말살리는겨레모임(공동 대표 김경희, 박문희, 이대로, 허홍구)이 있다. 해마다 우리 말 지킴이와 훼방꾼을 뽑아서 발표하며, 〈우리 말 우리 얼〉이라는 회보를 꾸준히 내고 있다.

3부 어린이문학

김두연 어린이 그림

1. 동시란 무엇인가

동시란 무엇이며 어떻게 비평할 것인가. 나아가 어린이들한테 시 쓰기를 가르치는 목적과 방법은 무엇인가. 이에 대한 논쟁은 1970년대 전후 이오덕이 박목월의 동시 비평과 창작 방법을 비판하면서 시작된다. 비판의 주요 쟁점은 동시의 개념과 창작에 대한 것이다. 박목월을 비롯한 대다수 어린이문학인들이 갖고 있던 동시 개념과 작법론을, 교육 현장에서 어린이들한테 동시 창작을 지도할 때 그대로 쓰면서 생기는 문제다.

이오덕과 박목월이 직접 논쟁을 주고받은 적은 없다. 그러나 박목월이 1960년대 동시 작법과 어린이 시 지도 방법을 다룬 책을 보면 두 사람 생각이 뚜렷하게 맞서기 때문에 논쟁의 관점에서 견주어 볼 필요가 있다. 이오덕은 박목월의 동시 작법을 비판하면서부터 어린이문학과 문학 교육에 대해 논지를 펴기 시작했다.

박목월은 방정환이 창간하고 윤석중이 편집하고 있던 〈어린이〉를 통해 등단하면서 어린이문학 활동을 시작하였다. 1946년 우리 나라에서 가장 먼저 동시집을 펴내, 동요를 넘어서 동시라는 새로운 갈래를 열어 나간 공로가 있다. 또 동시 창작과 초등학교 동시 교육이 활발해지게 한 공로도 크다. 이오덕이 정면으로 비판하고 나서기 전까지 박목월 동시론과 동시 교육론은 어린이문학계와 초등학교 글짓기 교육에 아주 크게 영향을 끼쳤다. 그 영향은 아직까지도 우리 동시 문학계와 초등 현장의 동시 창작 교육에 남아 있다.

박목월은 평생 교육자이면서 출판사를 꾸리고 문학 잡지를 냈다. 초등학교에는 근무한 적이 없고 고등학교에서 교사로 근무하였으며, 여러 대학교에서 강의하거나 교수를 지냈다. 또 한국국정교과서 심의 위원, 대한민국 예술 진흥 위원, 한국문화예술진흥원 이사 들을 지내며 여러 단체에서 활동하였다.

박목월이 쓴 시 가운데 '나그네'가 어른들한테 널리 알려진 시라면, '산새알 물새알'은 오랫동안 초등학교 교과서에 실린 대표작이다.

박목월은, 방정환이 추천하고 지도하여 어린이문학을 시작한 윤석중이 추천하여 등단하였고, 이오덕 또한 방정환에 힘입어 등단한 이원수가 추천하여 어린이문학 활동을 하게 되었다. 곧, 두 사람은 어린이문학사에서 볼 때 모두 방정환 계열이며, 둘 다 3세대에 해당한다. 한 사람은 방정환―윤석중―박목월로 이어지며, 또 한 사람은 방정환―이원수―이오덕으로 이어지는 것이다.

윤석중과 이원수는 방정환의 어린이관과 어린이문학관을 이어받았지만 차이점이 있다. 윤석중 문학이 '어린이들이 착하고 재미있게 생활하는 현실과 그 속에서 아름다운 꿈을 꾸는 삶'을 표현하는 데 초점을 두고 있다면, 이원수 문학은 '어린이들이 고난받는 어려운 현실과 그런 현실을 이겨 내고 참을 좇는 삶'을 표현하는 데 초점이 있다. 이런 차이점은 박목월과 이오덕에 이르러 더 뚜렷하게 드러나는데, 두 사람의 문학론과 교육론, 그리고 창작 시에서도 찾아볼 수 있다.

이와 같은 차이점을 살피기 위해 박목월이 쓴《동시 교실—지도와 감상》(1957. 아데네사)《동시의 세계》(1963. 배영사)와 이오덕이 쓴《글짓기 교육—이론과 실제》《아동시론》을 견주어 분석하였다.

이오덕은《글짓기 교육—이론과 실제》에서 "요즘 일부에서 짓기 교육 그 본디의 참된 사명을 잊어버리고 지나치게 문학적(?)인 기교 기술 교육을 하고 있는데, 나는 이 책에서 그것을 비판했습니다. 더구나 안이한 유사 모조품을 만들어 내는 잔꾀를 가르치고 있는 사이비 동시 교육에 대해서는 완전히 부정해 버렸으니, 그것은 세속과 유행과 안일과 이기적인 정신에 자리 잡은 교육 아닌 교육이기 때문"[1]이라고 에둘러 비판하였다.

그리고《아동시론》에서는 "박목월 씨의《동시 교실》이 있는데, 이것은 50년대 이후의 아동 운문 교육을 대표한 것이라고 할 만하고, 그 영향이 매우 컸다고 생각되므로 여기 그 내용의 대강을 고찰해 보기로 한다"[2]면서 직접 거론하였다.

여기서는 이 책들을 견주어 두 사람 주장의 공통점과 차이점이 무엇인지 살펴보려고 한다. 이오덕이 추구하는 어린이문학과 어린이들을 대상으로 하는 시 쓰기 교육의 방향이 무엇인지 밝혀 줄 것이다.

---

1. 이오덕(1965),《글짓기 교육—이론과 실제》, 아인각, 머리글(자서)
2. 이오덕(1973),《아동시론》, 세종문화사, 19쪽

이오덕과 박목월 동시관 견주기 (1)

어느 책이든 성격이 가장 잘 드러나는 부분은 머리말이다. 머리말에는 책을 쓰게 된 까닭이나 과정, 글쓴이가 전하고 싶은 가장 중요한 마음을 담아내기 때문이다. 그래서 먼저 이오덕과 박목월 책 머리말에 나타난 생각들을 견주어 본다.

동시에 대한 정의

박목월 : 동요와 동시는 가장 깊은 어린이들의 마음의 세계다.
이오덕 : 빛을 찾아 헤매는 어린이들의 생명이다.
　　　　어린이들 일상의 말과 행동과 마음속에 충만해 있는 세계다.

박목월은 동시를 어린이들 마음속 가장 깊은 곳에 있는 세계라고 하였고, 이오덕은 어린이들 일상의 말과 행동과 마음속에 충만한 세계로, 이 세계에서 빛을 찾아가는 어린이의 생명이라고 하였다. 이는 동시와 현실 사이 거리를 뜻한다고 할 수 있다. 곧 박목월은 이오덕에 견주어, 현실과 동시 사이를 훨씬 더 멀게 생각한다. 이오덕이 생각하는 현실과 동시 사이는 거의 붙어 있다시피 가까운 거리다.

동시를 쓰는 목적

박목월 : 시로써 그들의 꿈을 기르고, 생활을 맑게 하고, 또한 넉넉한 사람이 되게 한다.

참되고 착하고 아름다운 사람이 되게 한다.
이오덕 : 가식과 허위를 물리치고 진실한 생활을 창조해 나간다.

박목월에게 동시를 쓰는 목적은 꿈을 기르고, 생활을 맑게 하는 것이다. 또한 넉넉하고 참되고 착하고 아름다운 사람이 되게 하는 것이다. '진선미(眞善美)'를 모두 좇고 있다. 그런데 구체 지도 방법과 시평에서는 선미(善美), 곧 착함과 아름다움을 두드러지게 강조한다. 어린이는 천사처럼 착하기만 하다는 '동심천사주의'에서 벗어나지 않는 동시, 예쁘고 재미있는 말로 화려하게 꾸미는 동시를 잘 쓴 동시로 꼽는다. 문제는 그 '선'과 '미'가 진실에 바탕을 두었다기보다는 형식과 기교에 치우친 겉치레 꾸미기로 흘렀다는 점이다.

이오덕은 이런 형식과 기교에 치우친 동시를 비판하면서, 동시 쓰는 목적을 가식과 허위를 물리치고 진실한 생활을 창조하는 데 두고 있다. 곧 진(眞)에 초점을 맞추고 있다. 구체 지도 방법이나 시평에서도 '진'의 아래 개념으로 볼 수 있는 '사실' '솔직함' '소박함' '세밀함'을 잘 붙잡아 쓴 동시를 좋은 시로 꼽고 있다.

진선미에 초점을 두는 것과 진에 초점을 두는 것을 큰 차이라고 할 수는 없다. 참다운 진이란 선과 미를 모두 가지고 있는 것이고, 참다운 선과 미란 진을 이루는 바탕이 되기 때문이다. 이오덕이 진을 강조한 까닭은 당시 동시 쓰기 교육이 거짓된 착함과 겉으로 꾸며낸 아름다움만 좇느라 진실을 떠나 있다고 봤기 때문일 것이다.

이처럼 동시를 쓰는 목적에서는 박목월과 이오덕 생각이 비슷하다고 볼 수 있다. 다만 동시를 평하거나 가려 뽑을 때처럼 이 개념을 실제로 적용하는 데서 많은 차이를 보인다.

동시를 쓴다는 것은 어떤 일인가

박목월 : 참된 느낌에서 빚어지는 일(진)
　　　　가장 착한 뜻이나 생각을 기록하는 일(선)
　　　　우리의 가장 아름다운 꿈을 기록하는 일(미)
이오덕 : 진실을 찾는 일(진)
　　　　진실을 몸에 익혀 살아가도록 하는 일(참삶)

　박목월은 동시 쓰는 일이란 참된 느낌, 착한 생각, 아름다운 꿈을 기록하는 것이라고 했는데, 이오덕은 진실을 찾는 일이고, 그렇게 찾은 진실을 몸에 익혀서 살아가는 것이라고 했다. 이런 점에서는 박목월이 이오덕보다 동시의 본질을 훨씬 폭넓게 자세히 밝혀 놓았다고 할 수 있다. 그러나 '진'은 '참된 느낌에서 빚어지는 일'이라고 단순한 뜻만 밝혔을 뿐이지만 '선'과 '미'는 '가장 착한 뜻이나 생각' '가장 아름다운 꿈'이라고 강조하고 있다.
　그와 달리 이오덕은 '진'에 대해서만 말하고, 동시 쓰기로 진실을 찾을 뿐 아니라 그 진실을 생활 속에서 실천해야 한다고 강조하고 있다. 박목월이 문학을 통한 자아 표현, 곧 작품 완성에 초점을 두고 있다면, 이오덕은 한 발 더 나아가 생활에 적용하는 데까지 이어져야 한다고 보는 것이다. 문학을 창조하는 과정에서 삶에 대해 새로운 깨달음을 얻고 이를 실천하는 단계까지 나아가야 한다는 말이다.

동시를 쓰는 주체

박목월 : 누구나 쓸 수 있다.

이오덕 : 어린이들 저 자신이 쓰는 것이다.

　박목월은 누구나 동시를 쓸 수 있다면서 주체를 어린이부터 어른까지 폭넓게 잡고 있다. 이에 견주면 이오덕은 동시(어린이 시)를 쓰는 주체를 어린이로 한정하고 있다. 문제는 어른인 어린이문학가들이 '동시'를 쓰고 있는 게 현실이어서, 그 주체를 어린이로만 한정해 '어린이가 쓰는 시'로 개념을 바꿀 수가 없다는 것이다.
　이오덕은 고민 끝에 어른인 어린이문학가, 동시 작가들이 자기 어린 시절을 되살려 쓰거나 어린이한테 주고 싶어서 쓰는 시는 계속 동시라고 놔두고, 어린이가 자기들 삶을 표현하려고 쓰는 시는 그냥 '시'라고 하되, 어른이 쓴 시와 굳이 나눠서 말해야 할 때는 '어린이가 쓴 시' 또는 '어린이 시'라고 하자고 했다.[3]

동시를 쓰는 방법

박목월 : 가슴속에 고이는 아름다운 생각이나 느낌을 솜에서 실을
　　　　자아 올리듯 말(文字)로써 기록한다.
이오덕 : 지나치게 문학적인 기교 기술 교육을 하지 말아야 한다.
　　　　유사 모조품을 만들어 내는 잔꾀를 가르치지 말아야 한다.
　　　　기묘한 흉내 내기 놀이를 하지 말아야 한다.

---

3. 이 제안에 대해서는 한국아동문학가협회, 한국어린이문학협의회, 한국글쓰기교육연구회, 어린이도서연구회, 겨레아동문학회를 비롯해 여러 단체들이 대부분 동의하고 있다. 초등학교 교과서 연구자들이나 집필자들도 이에 동의하여 제7차 교육 과정 초등학교 국어 교과서부터는 '동시'라는 말을 모두 '시'로 바꾸었다.

손재주만을 익히도록 훈련해서는 안 된다.
손과 발과 가슴으로 써야 한다.

　두 사람은 시를 쓰는 태도나 방법에서 가장 뚜렷한 차이를 보인다. 박목월의 지도 방법에 대해 이오덕은 '지나치게 문학적인 기교와 기술 교육, 모조품을 만드는 잔꾀, 흉내 내기 놀이, 손재주만 익히는 훈련을 시켜서 우리 어린이들을 원숭이처럼 만든다'고 혹독하게 비판하면서 동시는 '손과 발과 가슴으로 써야 한다'고 하였다. '손과 발'을 움직여 무엇을 직접 하거나 겪고, 그러면서 '가슴'에 맺히거나 일어난 것을 붙잡아 써야 한다는 뜻이다.
　이에 견주면 '생각이나 느낌을 솜에서 실을 자아 올리듯' 쓴다는 것은 시를 짓는 기교와 기술에 치우친 방법이라고 볼 수 있다. 그러나 어린이가 아닌 어른이 동시나 시를 쓸 때는 박목월이 말한 이 방법이 마음에 깊이 새겨 봐야 할 '작가 정신'이라고 할 수도 있다.

시 쓰기 교육의 효과

　박목월 : 시를 씀으로 아름다움을 느낄 수 있으며, 깊은 뜻을 깨달
　　　　 을 수 있으며, 오묘한 이치를 느낄 수 있을 것이다.
　이오덕 : 참된 인간스런 마음을 닦을 수 있을 것이다.
　　　　 민족과 인간을 귀하게 키울 수 있을 것이다.

　박목월이 말하는 시 쓰기 교육 효과는 아름다움을 느끼고 뜻을 깨달을 수 있는 '개인'에 머물러 있고, 이오덕이 말하는 것은 '참된 인간'과 함께 '민족'까지 포함하고 있다. 이 점에서는 이오덕이 더 폭넓

게 보고 있다고 할 수 있다. 그러나 개인이 올바르게 자란다면 곧 올바른 민족을 이룰 수 있으니 실제로는 그 차이가 크다고 보기 어렵다.

이오덕과 박목월 동시관 견주기 (2)

앞에서 살펴본 것처럼 박목월과 이오덕은 동시를 바라보는 눈이 서로 다른데 이런 차이는 동시 선평(選評)에서 더욱 뚜렷해진다. '동시 선평'이란 잘 쓴 동시를 뽑으면서 그 까닭을 말과 글로 표현하는 것이다.

같은 글이라도 글을 심사해서 뽑는 사람이 지닌 가치관, 교육관, 문학관에 따라 장원이 될 수도 있고 버려질 수도 있다. 결코 바람직한 일은 아니지만 문학 지망생 가운데는 단순히 신춘문예에 당선되기 위해서 심사 위원 입맛에 맞게 응모작을 조립하는 이들도 있다고 한다. 문인이 되기 위해 작가 정신과 문인의 길을 버리는 격이다.

아이들은 대회에서 뽑힌 시, 신문이나 잡지에 잘 썼다고 실린 시, 학교나 학급 문집에 담긴 시, 담임 교사가 교실에서 시 쓰기 수업을 하기 전에 본보기로 읽어 주는 시에 영향받게 마련이다. 또 교사가 아이들이 쓴 시 가운데 좋은 시라고 골라 칭찬해 주는 말에 큰 영향을 받을 수밖에 없다. 어른이 칭찬하는 작품만 잘 쓴 시라 생각하고, 어른들이 평가하는 방향에 따라 시를 쓰게 될 수도 있다.

박목월과 이오덕은 어린이를 보는 눈과 시에 대한 생각이 다르기 때문에, 좋은 시라고 골라내는 시 또한 서로 다를 수밖에 없다. 같은 작품을 놓고 전혀 다른 평가를 하기도 한다. '유리창'이라는 시를 보기로 들어 보자.

유리창

빡빡, 덜컹덜컹, 보드득보드득,
열심히 유리창을 닦고 있어요.
언니는 빡빡,
오빠는 덜컹덜컹,

떠들며 웃으며
닦아 놓은 유리창,
유리창이 없어졌나,
깜짝 놀랐죠.

닦을 때는 힘들어도
보기 좋아요.

이 시는 1956년 전국 글짓기 대회에서 뽑힌 특선작으로 초등학교 4학년 여자 어린이가 쓴 시다. 박목월이 쓴 선평[4]과 이에 대한 이오덕 평가[5]는 다음과 같이 큰 차이를 보인다.

〈박목월〉
㉠ 유리창을 닦으며 느낀 것을 동시로 옮겨 놓은 작품이다.─어린이 생활을 소재로 삼았다.

---

4. 박목월(1963), 《동시의 세계》, 배영사, 46~49쪽
5. 이오덕(1973), 《아동시론》, 세종문화사, 28~31쪽

ⓒ 이 시에 담겨진 정신이 아름답다.—생활 경험이 아름다운 것이 아니라 그 사실에 대한 느낌이 아름답다.
ⓒ 그 표현이 아주 오묘하고 정확하다.—유리를 닦는 사람들의 성격과 모습과 일하는 행동이 각각 나타나는 표현이다.
ⓔ 어린 소녀가 지은 만큼 소녀답게 자연스럽다.—끝 절, '닦을 때는 힘들어도 보기 좋아요' 라는 구절은 어린 소녀답게 어리고 솔직한 표현이다.
ⓜ '유리창이 없어졌나, 깜짝 놀랐죠' 는 깊은 느낌에서 우러난 놀라움이다.

〈이오덕〉
㉠ 아동의 생활 행동을 그렸다.—신선하다는 인상을 얻는 것은 그때문이다.
ⓒ 그런데 아이들의 생활 감각이 아이들의 언어로 표현된 것이 아니다.—정직한 표현이 아니고 동요처럼 꾸며 놓은 표현이다.
ⓒ 시적인 것을 어설프게 가장한 것이라고 본다.—어린이 말씨를 흉내 내어 쓴 것이다.
ⓔ 저보다 나이가 어린 아이의 상태로 그 감성과 지성이 퇴화한 현상을 나타내고 있다.
ⓜ '유리창이 없어졌나, 깜짝 놀랐죠' 는 4학년 어린이 심리 발달에 맞지 않는 거짓 놀람이다.

두 사람은 한 어린이가 '자기 생활을 시로 썼다' 는 점만 똑같이 좋게 평가했을 뿐 나머지는 전혀 다르게 보고 있다. 이 작품은 박목월 선평에 힘입어 한동안 초등학교 국어 교과서에 실렸던 몇 안 되는 어린이 작품 가운데 하나로 그 시대를 대표하는 시였는데, 그에 견주면 이오덕의 평가는 너무 가혹하게 느껴질 정도다.

박목월과 이오덕 둘 다 어린이가 자기 생활을 시로 썼다는 점은 좋게 보고 있다. 다만 박목월은 그 생활 사실 자체를 인정하기보다는 사실에 대한 글쓴이 느낌이 아름답기 때문에 좋다 하였고, 인물 성격이나 모습 그리고 일하는 행동까지 담아내는 오묘하고 정확한 표현이라고 하였다.

이에 대해 이오덕은 그런 평가에는 관심이 없다면서 논의할 필요를 느끼지 않는다고 하였다. 사실이 아름다운 것이 더 중요한지, 아니면 사실을 아름답게 보는 것이 더 중요한지는 군이 논의할 필요가 없다는 뜻일 터이다. 박목월은 '사실을 아름답게 보았다'고 평가했는데, 이오덕은 이를 '정직하지 않은 표현'이라고 하였다. 곧 아름답게 본 것이 아니라 아름답게 본 것처럼 꾸몄다는 것이다.

또한 이오덕은 박목월이 매우 칭찬한 의성어가 4학년 어린이한테 걸맞지 않은 표현이라고 보았다. 어른이 쓴 시나 책에 실린 것을 흉내 낸 정도로 본 것이다.

유리창이 없는 것처럼 보일 만큼 깨끗이 닦아 본 사람이라면 이런 표현이 닦는 모습을 정확하게 보거나 소리를 정확하게 듣고 자기 식으로 나온 것이 아님을 알 것이다. 이 어린이가 무엇으로 유리창을 닦았는지는 모르겠지만, 물걸레나 신문지 또는 마른 헝겊으로 싹싹 문지를 때 어떤 소리가 나는지 가만히 생각해 보면 얼마든지 다양한 의성어가 나올 수 있다.

또 '덜컹덜컹'은 유리창을 닦는 사람 성격과 큰 관계가 없다. 닦는 소리가 아니라 닦을 때 창틀이 흔들리는 소리인데, 창틀이 헐거우면 아무리 조심조심 닦아도 흔들리면서 소리가 나게 마련이다. 따라서 성격을 나타내는 의성어로 보기 어렵고, 오히려 글쓴이가 '남자라면 이럴 것이다' 하는 선입견에 따라 의성어를 골라 썼다고 볼 수 있다.

박목월은 "닦을 때는 힘들어도 보기 좋아요"라는 표현이 '어린 소녀답게 어리고 솔직한 표현'이라고 하였다. 이오덕은 문장을 꼭 집어 말하지는 않았지만 어린이 말씨를 흉내 내서 쓴 것이라 비판했는데, 바로 이 구절이 아닌가 싶다. 사실 어린이들이 이런 투로 말하거나 생각하지 않는 것은 아니다. 오히려 많이 쓰기 때문에 더 문제다. 이를테면 일기를 쓸 때 끝에다 "오늘은 힘들었지만 참 재미있었다"고 쓴다. 정말 재미가 있었든 없었든 그렇게 쓰면 어른이 좋아할 것이라고 생각해서 습관처럼 쓰는 경우다. 이런 표현은 어린이 자신이 하고 싶은 참된 말이라고 보기 어렵다.

이오덕이 이 시를 비판하는 핵심은 "유리창이 없어졌나, 깜짝 놀랐죠"에 있다. 박목월은 이 구절을 '어린이다운 놀라운 느낌을 표현'한 것으로 보는데, 이오덕은 '어린이답지 않은 거짓된 표현'이라고 보는 것이다. 놀라지도 않았는데 놀랐다고 여기는 거짓된 느낌이며, 나아가 저보다 어린 아이의 상태로 감성과 지성이 퇴화한 현상이라고 본다.

4학년 어린이가 자기가 직접 유리창을 닦고 나서 정말 유리창이 없어졌다고 느끼거나 생각하지는 않을 것이다. 다른 사람이 깨끗이 닦은 유리창을 처음 보았다면 혹시 놀랄 수도 있을지 모르지만 말이다. 어린이 발달 과정으로 볼 때 이런 놀람은 훨씬 더 어린 나이, 유리에 대한 지식이나 경험이 없는 네댓 살 아래 유아 수준에 들어맞을 것이다. 곧 이오덕은 어린이 발달 수준을 잘 알고 있는데, 박목월은 잘 모르기 때문에 이런 엇갈린 평가를 하고 있다고 볼 수 있다.

이오덕과 박목월 동시관 견주기 (3)

박목월과 이오덕은 머리말뿐 아니라 책 이곳저곳에서 '동시란 무엇인가?'에 대해 밝히고 있다. 두 사람 생각이 잘 드러난 중요한 대목들을 뽑아서 박목월과 이오덕의 동시관을 살펴본다.

박목월의 동시관

박목월은 동시가 귀한 까닭에 대해, "여러분의 어린 생각이 귀하고 어린 마음이 귀하기 때문이다. 만일 여러분의 어린 마음이 생각하는 '내일'이 어른들이 생각하는 '내일'과 똑같다면, 동시가 귀할 까닭이 무엇이겠는가? '내일'을 맞이하기 위한, 오늘 하룻밤은 말할 수 없이 너르고 아득하고 이상하고 아름답고 놀라운 나라를 지내는 일"[6]이라며 어린이 마음이 생각하는 내일과 어른이 생각하는 내일이 다르다고 하였다. 그리고 어린이는 어리기 때문에 어린 느낌과 생각을 간직하고 있는데, 그 어린 마음이 시에 나타나면 글이 되고 시가 된다고 강조하였다.[7]

그리고 시는 참된 자기 생각이나 느낌을 말로 나타내는 것인 만큼, 그 생각이나 느낌에 맞는 말로 표현해야 한다며 다음과 같은 방법을 내놓는다.

첫째, 느낌에서 떠오르는 말을 소중하게 여기자.

---

6. 박목월(1963),《동시의 세계》, 배영사, 60~61쪽
7. 같은 책, 64쪽

둘째, 익숙한 말을 쓰자.
셋째. 말투에 주의하자.[8]

박목월은 시를 쓰려고 붓을 잡을 때 말만 꾸며 내려고 애쓰지 않고 자기 느낌을 소중히 담으려는 마음만 갖는다면 시는 절로 가슴속에서 우러나 붓 끝으로 새어 나올 것이라고 하였다. 시를 어렵게 여긴다면 그것은 말을 꾸며 대는 일로 생각하기 때문이라는 것이다.[9] 시는 사실을 기록하기보다 더 깊은 마음의 느낌을 표현하는 것이고 '마음의 음악'이라며, 이것을 다음과 같이 표현해 보라고 했다.

> 시야말로 깊은 느낌—감동에서 우러나는 것이라 함을 깨달았으리라. 그러나 시를 빚게 하는 마음의 깊은 느낌(감동)이 이내 시가 되지 않는다. 그 느낌을 암탉이 알을 품듯, 마음에 두고두고 간직하면 그 감동이 시를 낳게 한다. (줄임) 시야말로, 자기가 느낀 것을 느낀 대로 나타내는 것이다. 동시는 여러분의 시다. 여러분 마음에 느낀 것은, 어른들과 다르다. 다르면 다를수록 좋은 동시가 된다. (줄임) 동시야말로, 어린이 여러분만이 느낄 수 있고, 생각할 수 있는 그 맑고 아름다운 감동을 감동으로서, 느낌을 느낌으로서 나타내는 것이다.[10]

왜 동시를 써야 하나, 혹은 우리가 왜 시를 깊이 감상(살펴서 맛보

---

8. 같은 책, 94~100쪽
9. 같은 책, 185쪽
10. 박목월(1957), 《동시 교실—지도와 감상》, 아데네사, 17~25쪽

는 것)해야 하나? 그것은 어려운 질문이 아니다. 여러분 마음속에 스쳐가는 느낌이나 감동을 종이쪽에 기록함으로써 느낌을 넉넉하게 지닐 수 있고, 또한 생각을 바르게 참되게 기를 수 있다. 이 자기의 느낌이나 생각을 소홀히 하지 않음은 참으로 소중한 일이다. 늘 자기 마음을 살피고, 느낌과 뜻과 생각을 또렷이 헤아려 아는 힘이야말로 우리가 참된 사람, 참된 생활을 이룰 수 있는 것이다.[11]

박목월에게 시는 느낌과 생각을 솔직히 써 낸 것이다. 그러나 그 느낌과 생각을 묘하고 요령 있게 표현해 내는 것이 중요하다. 무턱대고 생각나는 대로 쓰는 것이 아니라 잘 가다듬어 아름답게 써야 한다. 내용을 살펴 노래 모습으로 가다듬는 것이다. 그러기 위해서 다음 사항들을 깊이 생각하라고 하였다.

〈시를 구상할 때 생각해야 할 세 가지〉
첫째, 어떤 형식으로 표현할까 생각해야 한다.
둘째, 가장 효과 있는 방법을 생각해야 한다.
셋째, 매끈하고 아름답게, 절실하게, 그러나 일부러 꾸미지 말 것.

〈시에서 표현할 때 가장 소중한 세 가지〉
첫째, 생략이다. 생각을 가다듬고, 말을 간추리는 일을 생략이라 한다.

---

11. 같은 책, 27~28쪽

둘째, 비유이다. 실감이 도는 적합한 비유가 표현을 살리게 한다.
셋째, 내용을 살펴서 가락을 가다듬고, 모습을 매만지는 일이다.[12]

박목월은 이처럼 어린이 마음을 시로 표현할 때 어른을 흉내 내서는 안 된다고 하였다. 매끈하고 아름답고 절실하게 쓰되 일부러 꾸미지는 말자고 하였다. 그러나 시 구성이나 창작 단계에서는 어른 작가들이 시를 쓸 때 생각해야 할 비유를 비롯해 여러 표현 방법들을 강조하고 있다.

이오덕의 동시관

이오덕은 기교에 치우치는 문제를 날카롭게 짚었다. "기교란 본디 언어에 절망한 시인들이 어쩔 수 없이 의지하는 표현의 방편이다. 만일 우리의 언어란 것이 완전한 것이라고 하면 시인은 노래하듯 시를 쓰면 될 것이고, 사실은 그런 상태가 이상이라고 본다. 기교를 위한 기교는 아무 의미가 없는 것이며, 시의 기교라는 것은 거기 어쩔 수 없이 의지하는 시인들의 지팡이 같은 것이다. 이 시인의 지팡이가 아동에게는 필요 없다. 그 까닭은 누구나 생각할 수 있듯이 아동이란 언어에 절망한다는 일이 있을 수 없기 때문"[13]이라며 어린이는 어른 시인들처럼 기교에 기댈 까닭이 없다고 강조하였다.
어린이들은 어른들보다 훨씬 충동적이며 현실적이기 때문에 순간마다 일어나는 생활 감동이 바로 시를 쓰는 맨 처음 이미지가 된다고

---

12. 같은 책, 73~74쪽
13. 이오덕(1973), 《아동시론》, 세종문화사, 59쪽

하였다. 곧 시인들은 언어로 시를 만들지만 어린이들은 생활에서 이미 얻은 시를 그대로 쓸 뿐이며, 그래서 '어린이는 시인'이라고 한다는 것이다.

시인의 성장은 언어의 기교 속에서 이뤄질지는 모른다. 그러나 아동의 성장은 어디까지나 생활에서 이뤄지는 것이다. 일상의 현실에서, 그리고 시를 얻고 구상하고 기술하고 평가하는 과정에서 이뤄지는 것이다. 시인의 시는 작품으로서 완성을 목표로 하지만 아동의 시는 작품으로서 완성한 것보다 그 시를 획득하는 노력과 자세를 문제 삼아야 하는 것이다. 시인의 시는 예술이요, 문학이지만 아동의 시는 문학이기 전에 교육이어야 하기 때문이다. 이 말은 아동의 시는 문학이 아니라든지, 혹은 성인의 시에 비해 가치가 떨어진다는 말이 될 수 없다. 아동의 시는 아동의 생명의 성장을 기록하는 독특한 영역의 문학이 될 수도 있는 것이다.[14]

이 '독특한 영역의 문학'을 어른들이 잘 지켜 주고 가꿔 줘야 한다고 하였다. 또한 "우리는 아동들을 정직하고 순진하게 길러야 한다고 믿는다. 그리고 그러한 길이 아동들에게 시를 가르치는 정도라고도 생각한다. 그러한데, 아동들의 세계를 무시하고 한갓 말재주와 잔꾀로 약삭빠르게 처세하는 아동을 기른다는 것은 교육의 길도 시의 길도 될 수 없다"[15]고 강조했다. 박목월도 어린이들에게 일부러 꾸미지

---

14. 같은 책, 60~61쪽
15. 같은 책, 61쪽

는 말라고 하였는데, 이오덕은 한발 더 나아간 것이다. 이오덕은 어린이들이 시를 창작하면서 다음과 같은 세 단계를 거친다고 하였다.

> 첫째 단계는 아동, 곧 생활의 주체가 객체에 부딪치게 되는 사태의 발생이요, 다음 단계는 주체와 객체가 부딪쳤을 때에 일어나는 주체 내부의 발화, 곧 시의 핵이 되는 감동의 발생이요, 셋째 단계가 이 발화의 표현이다. 아동의 시작에서 이 세 단계는 그 어느 것도 빠질 수 없으며, 또 그 순서도 선후가 결코 바뀌질 수 없다.[16]

이오덕은 어린이 시 지도에서 기교를 매우 배척해 왔다. 그러나 이것은 기술을 가르칠 필요가 아예 없다든지, 있어서는 안 된다는 것이 아니다. 감동의 중심을 파악하거나, 줄이나 연을 나누거나, 필요 없는 이음말이나 토를 빼는 문제 같은 것은 어느 정도 지도할 수 있다. 그런 지도를 거치면서 처음에 지녔던 감동을 정직하고 효과 있게 표현할 수 있기 때문이다.

이오덕이 어린이 시 지도에서 배척하려고 했던 것은 생활 감동을 제대로 이해하고 표현하기 위한 기술이 아니라, 생활을 외면하고 감동 없이 기교만으로 작품(감동)을 만들어 내려고 하는 그릇된 동시 제조 방법과 태도다. 어린이들을 시인으로 만들기 위해서가 아니라 마음이 자라도록 돕기 위해 시 쓰기를 지도하는 것이기 때문이다.

---

16. 같은 책, 62쪽

우리는 아동들이 시인이 되기를 원하고 있는가? 시를 쓰는 직업인이 되기를 원하고 있는가? 아니다. 우리는 마음이 정직하고 행동이 순진하고, 용감하고, 인간성이 풍부하고, 개성이 뚜렷한 창조적인 인간을 원하고 있는 것이다. (줄임) 우리가 아동에게 시를 쓰게 하는 것은 작품을 얻는 것이 목적이 아니다. 작품을 쓴다는 것은 시적 생활—시적인 진실을 탐구하는 생활을 몸에 붙이기 위한 하나의 방법이다. (줄임) 시를 만드는 재주가 아니라 시적 진실을 몸에 붙이고 살아가는 창조적인 인간 교육—이것은 가장 근원적이고 중핵적이고 전위적이고 종합적이고 예술적인, 바로 시의 교육인 것이다.[17]

시는 감동이 생명이다. 이 감동은 현실 속에서 살아가는 어린이가 어느 때 어느 곳에서 구체로 얻는 것이다. 기묘한 말을 머릿속에서 꾸며 맞추는 데는 시가 있을 수 없다. 이오덕은 본질로 볼 때 시가 '웃음' '재미' '재치' '깨끗하게 다듬어진 솜씨' '깨끗한 모양이 주는 인상' 같은 것들과 무슨 상관이 있는지 의문을 제기하였다. 오히려 이런 것들은 참된 시를 찾는 데 방해가 되는 수가 많다며 비판하였다. 사람의 옷차림이나 화장이 그 사람 마음을 알아보는 데 방해가 되기도 하듯이, 시도 겉모습만 너무 화려하게 꾸미려고 하면 쓰고 읽는 데 방해가 된다는 것이다.

또한 이오덕은 어린이가 쓰는 시에서 마음의 성장이 나타난다고 하였다. 성장에 따라 지도하는 방법이나 창작한 작품에 대한 평가를

---

17. 같은 책, 74~75쪽

알맞게 해 주어야 한다고 보았다.

> 1학년에게는 1학년의 시가 있어야 한다. 3학년은 3학년의 시, 6학년은 6학년의 시가 있어야 한다. 중학교 학생은 중학교 학생다운 소년 시가 있어야 하겠다. 이렇게 시의 세계는 그 나이와 정신세계와 함께 발전하여 가서 성인이 되어 어른의 시가 되는 것이다.
> 이렇게 볼 때 성인이 되어도 어느 때까지나 유년기 어린이의 마음만을 나타내어 쓰는 작품을 종전대로 '동시'라 하여, 실제 어린이의 시 작품과 엄연히 구별하지 않으면 안 되겠다. '동시'는 어른들이 주로 유년기 어린이에게 보여 주기 위해서 쓰는 것이다. 어른들이 어린이의 세계가 그리워서 쓰는 것이다. 그것은 '동화'와 마찬가지로 문학의 한 부면이 될 수도 있겠다.
> '동시'와 '어린이의 시'를 엄연하게 구별해 놓고 볼 때, 지금 우리 나라에서는 어린이들을 위한 어린이의 시 교육을 하고 있지 않고, 어른들의 문학의 한 분야인 '동시'를 그릇 흉내 내고 있는 교육을 하고 있다고 말하지 않을 수 없다.
> '동시'는 어른에게 돌려주고, 어린이에게는 '어린이의 시'를 찾아 주어야 하겠다.[18]

이처럼 어린이 발달 단계에 따라 시 쓰기를 지도해야 하며, 어린이에게는 어린이의 시를 찾아 주고, 어른에게는 어른의 시를 돌려주어

---

18. 이오덕(1965), 《글짓기 교육―이론과 실제》, 아인각, 208쪽

야 한다고 하였다. 곧 저마다 자리에 맞는 시를 쓰도록 해야 한다는 뜻이다. 이오덕이 생각하는 어린이의 시란 무엇인가? 이오덕은 어린이가 쓴 시에서 좋은 시와 좋지 않은 시를 가르는 잣대를 다음과 같이 내놓았다.

〈좋은 시〉
㉠ 자연을 생생하게 붙잡은 것
㉡ 인간의 마음이나 생활의 진실을 붙잡은 것
㉢ 남들이 보지 못한 사물의 생명을 붙잡은 것

〈좋지 않은 시〉
㉠ 감동이 없는 것
㉡ 생명감이 없는 것
㉢ 재미있게 말만 꾸며 맞춘 것
㉣ 정확하게 대상을 붙잡지 못한 것
㉤ 같은 내용이나 형식으로 자꾸 써 낸 것
㉥ 설명적인 표현으로 된 것
㉦ 실감이 없는 것
㉧ 평범한 것을 붙잡은 것
㉨ 개념적인 작품
㉩ 모방한 것[19]

좋은 시 가운데 '자연을 생생하게 붙잡는 것'이란 어린이들이 자

---

19. 같은 책, 240쪽

연에서 느낀 감동과 신비, 경외하는 마음을 눈에 보이듯 그려 내는 것을 뜻한다. '생활의 진실을 붙잡는 것'이란 어린이들이 생활하면서 겪은 일을 솔직하면서도 당당하게 표현하는 태도를 뜻한다. '남들이 보지 못한 사물의 생명을 붙잡는 것' 이 중요한 까닭은 그렇게 해서 둘레에 있는 사물을 늘 새로운 마음과 눈으로 보고 느낄 수 있기 때문이다. 바로 그 과정에서 느끼는 감흥을 정확하게 표현하는 시가 좋은 시라는 것이다. 그와 달리 실제라는 느낌이 없고 형식이나 개념에 치우쳐 있거나 다른 것을 본뜬 시를 좋지 않은 시로 보고 있다.

이처럼 두 사람이 쓴 책에서 '동시란 무엇인가?'에 대한 말들을 한데 모아 속뜻을 헤아려 볼 때, 박목월과 이오덕이 시의 본질을 완전히 다르게 생각한다고 보기는 어렵다. 두 사람 다 어린이 시가 갖추어야 할 가장 중요한 본질이 '감동'이라고 한다. 또 이 감동을 나타낼 때 말만 아름답게 꾸며 내려 하지 말고 자기 느낌을 자기 말로 쓰라고 한다. 자기 말로 쓸 때는 사투리나 입말을 살려 쓰는 것이 좋다고 한다. 실제로 두 사람은 자기 시에서도 사투리를 소중하게 쓰고 있다. 그리고 어린이의 느낌이나 생각은 어른과 다르니 어른을 흉내 내지 말라고 강조한다.

그러나 어른을 흉내 내지 말라는 말부터 자세히 짚어 보면, 박목월은 머리로만 그렇게 생각하고 있는 듯 보인다. 자신의 책에서 보기글로 들고 있는 시 대부분이 어른이 쓴 동시고, 어린이들이 쓴 시도 결국 어른이 쓴 동시를 흉내 낸 것뿐이다.《동시 교실—지도와 감상》에 어른이 쓴 시 아흔두 편을 실었는데, 그중 자기가 쓴 시가 스무 편이고 윤석중 시도 열아홉 편이나 된다. 이에 견주어 이원수 시는 단 두 편이다.

그러니 박목월한테 영향을 받은 어린이문학가, 교사, 어린이 들은 어른이 쓴 동시 가운데서도 박목월과 윤석중이 쓴 동시 형식을 흉내 내게 되는 것이다. 그것도 알맹이는 빼고 재미있는 말, 어린애답다고 느껴지는 유치한 말을 되풀이하는 형식만 흉내 내게 된다. 지금 초등학교 교과서 시 쓰기 지도 또한 여기서 거의 벗어나지 못하고 있다.

또 박목월은 너무 말을 꾸미려 애쓰지 말라고 하면서도 그보다 더 여러 곳에서 말을 꾸미는 기교와 기술이 중요하다고 주장하고 있다. 윤석중 말을 빌려 '말 꾸미기' 곧 '말솜씨'는 간장 같은 양념이라고도 하고, '솜에서 실을 자아내는 솜씨'나 '닭이 알을 품듯 품어서 깨어나게 하는 솜씨'라고 강조하기도 한다. 이런 솜씨와 기교, 기술은 전문 시인들한테도 어려운 일이 아닌가? 이오덕은 생략, 줄이나 연 가르기, 말을 골라 쓰는 기술 들을 모두 부정하는 것이 아니라, 바로 이렇게 전문 시인들이 언어에 절망하고 새로운 시어를 찾아 헤매는 '오묘하고 기발한' 기교를 반대하는 것이다.

말만 짜 맞추는 기교는 어른 시에서도 전위적인 한 경향일 수는 있지만 시의 본질이라고 할 수는 없다. 더구나 어린이 교육을 위한 시 쓰기에서는 꼭 피해야 한다. 단순히 어휘력을 높이기 위한 말놀이, 새로운 언어에 대한 감수성을 높이기 위한 말 찾기나 문장 만들기에 쓸 수는 있겠지만 시 쓰기 교육 과정에서는 절대 중요한 방법으로 삼아서는 안 된다.

박목월과 이오덕이 시 쓰기 방법인 '기교' 문제에서 부딪치는 까닭은 박목월이 전문 시인이요, 대학 교수로서 어린이 생활을 잘 모르는 데다 발달 과정과 교육 방법론도 자세히 모르기 때문이라고 본다. 동요, 동시 작가로 등단해 기성 시단에서 당대 최고의 시인 자리에 오르고 교수를 한 것이지 어린이 교육을 연구하지는 않았으니 자연스러운 일이다. 그래서 전문 시인들이 고민해야 하는 시 쓰기 방법과 태도를 어린이 수준에 맞게 풀어 쓰려고 무척 애를 쓰기는 했는데도, 아니 그렇게 애써 많은 사례를 들어 알기 쉽게 썼기 때문에 오히려 더 어린이 시 쓰기 교육을 잘못된 쪽으로 열심히 끌고 간 셈이 된 것이다. 대부분 어린이문학인이면서 교사였던 글짓기 지도 교사들은 박목월과 윤석중이 갖고 있던 권위를 믿고 그 동시 작법을 의심 없이 따르면서 그대로 가르치는 일에 앞장섰다.

그러나 이오덕은 이런 권위에 사로잡히지 않았다. 교육 현장에서 아이들과 함께 아이들 생활을 몸과 마음으로 겪으면서, 아이들이 쓰는 글과 아이들이 삶을 대하는 태도를 살펴보았다. 그 결과 당시 유행하던 시 쓰기 방법은 참된 인간 교육이나 시 쓰기 교육의 길이 전혀 아님을 알게 되었다. 나아가 참된 교육으로 아이들을 살리는 길을 철저하게 막고 왜곡하는 것으로 보았다. 그래서 기교와 기술로 만드는 동시 작법을 배척하게 된 것이다. 이런 과정 속에서 이오덕은 '문학의 예술성을 배격한다'는 비판을 받기도 하였다.

박목월은 자기가 어린이들한테 잔꾀나 가르치는 기교주의자라는 비판에 선뜻 동의하기 어려웠을 것이다. 그 자신은 기교주의를 주장했던 게 아니기 때문이다. 그럼에도 박목월은 불편한 마음을 조금도 내보이지 않았고, 반론도 쓰지 않았다. 그리고 그 뒤로는 더 이상 동시 쓰기 교육과 관련된 책을 내지 않았다. 발표한 글도 찾을 수 없다. 1970년대 중반부터 이오덕한테 비판을 받은 동시 작가들이 이오덕을 마주 비판하고 비난하면서 어린이문학계가 아수라장이 되다시피 했을 때도, 속으로는 어떠했는지 모르나 박목월이 드러나게 이오덕을 비판하거나 반론한 자료는 찾을 수 없다.

저 시골 구석에 사는 초등학교 교사, 이름 없는 동시 작가의 비판이라고 무시한 것일까? 아니면 이오덕 비판을 들으니 스스로도 그렇게 여겨진 부분들이 많아서 그랬을까? 기록이 남아 있지 않은 이상 어느 한쪽이라고 못 박기 어렵고, 그럴 필요도 없다.

  이렇듯 동시 작법에 대한 두 사람의 생각은 엄밀하게 보자면 논쟁이라 하기 어렵고 이오덕이 박목월을 일방으로 비판한 것이라고 할 수 있다. 그러나 이 비판은 1970년대 뒤로 어린이문학 논쟁에 바탕이 되기 때문에 논쟁사에서 중요한 전환점이 된다.

  이오덕이 말하는 어린이문학이란 '어린이들이 참되게 자라나는 데 도움이 되도록 어른이 어린이에게 주기 위해 쓴 문학'이라고 할 수 있다. 어른이 어린이들 삶을 지키고 가꾸기 위해 어린이들을 대상으로 쓴 작품이다. 하지만 작가가 처음부터 의도하지 않고 쓴 글이라도 어린이가 즐겁게 읽어서 삶에 넉넉한 자양분으로 삼을 수 있다면 어린이문학이라 말할 수 있다고 하였다. 한편 '어린이가 쓴 문학'이란 어린이들이 스스로 자기 마음과 참된 삶을 지키고 가꾸기 위해 쓴 글을 말한다. 이렇게 어린이문학을 창작 주체에 따라 뚜렷이 나누는 방법은 그동안 논의되지 않았고 이오덕이 처음으로 내놓은 것[20]이다.

  이오덕은 어른이 동시를 창작하는 주체가 될 때는 치밀하게 구상하고 예술성을 갖도록 형상화해야 하지만, 어린이가 주체가 될 때는 삶에서 겪은 사실을 솔직하고 정확하게 붙잡아 쓰는 데 중점을 두어야 한다고 하였다. 어린이들이 동시라는 형식에 따른 표현 기교나 어른들이 만들어 놓은 문학 이념과 관념에 매여서는 안 된다는 것이다.

---

20. 《글짓기 교육―이론과 실제》(1965) 228쪽, 236쪽에서 시를 어른들이 쓴 시와 어린이들이 쓴 시로 나누었고,《삶을 가꾸는 글쓰기 교육》(1984) 28쪽에서 이를 모든 갈래 글로 넓혔고,《글쓰기 어떻게 가르칠까》(1993) 69쪽에서 다시 체계를 세워 표로 정리하였다.

2. 어린이문학의 독창성

1970년대 어린이문학계의 분열

1954년에 만든 한국아동문학회는 5.16군사정변 뒤에 한국문인협회 아동분과로 강제 통합된다. 1970년대 전후로 회원들끼리 '어린이문학이 사회에서 갖는 위치'를 두고 의견이 엇갈리는데, 이때 이원수와 그이의 어린이문학론에 공감하는 문학인들이 1971년 2월 한국아동문학가협회를 만든다. 그리고 기관지로 〈한국 아동문학〉을 펴낸다. 1972년 9월 창간호부터 1992년 두 단체가 다시 합칠 때까지 한 해에 한두 권씩 꾸준히 펴냈다. 창간사에 실린 '우리의 선언—아동문학의 순수를 위하여'에는 '아동문학인의 작가적 양심과 앞날을 내다보는 지성과 순수로 문학 창작에 진력한다'는 다짐이 담겨 있다. 이는 곧 이원수가 창간호 머리말 격으로 쓴 '아동문학의 바른 성장을 바란다'에서, 어린이문학이 사회에서 갖는 위치를 두고 의견이 엇갈리기 때문에 단체를 따로 만든다고 한 내용과 통한다. 작가로서 양심과 문학의 순수성에 대해 서로 다르게 생각했던 것이다.

짧은 선언문에서 '순수' 라는 말을 다섯 번이나 쓰고, '불순한 것을 용납할 수 없다' 거나 '작가적 양심으로 쓴다' 는 말을 강조한 까닭은 무엇일까? 그것은 당시 어린이문학계가 그만큼 정치 세력과 이념의 선전 도구가 되고 상업화되어 작가 정신과 문학 정신이 망가지면서 불순함이 판을 치고 있었기 때문이다.

이원수는 '아동문학의 바른 성장을 바란다' 에서, 우리 나라 어린이문학에 나타나는 현상을 창작의 무기력과 치속(稚俗)이라고 비판하고, "상업적인 발표 기관의 영향으로 나타나는 통속화의 흐름에서 발을 씻고 나와서 아동문학 본연의 자세를 되찾고 올바른 성장을 해야 하는 커다란 사명이 있다"면서, "저마다 피나게 노력한 결실을 이 지면을 통해 횃불처럼 높이 들어 보여 주리라 믿고 바란다"고 하였다.

이러한 내용으로 볼 때 1970년대 초 어린이문학계가 분열한 것은 당시 한국 문단과 사회에서 참여 문학과 순수 문학, 또는 민족 문학과 순수 문학이 날카롭게 맞섰던 것과 어느 정도 관련이 있기는 하지만, 그보다는 당시 어린이문학계가 가지고 있던 문제들이 더 큰 요인이라고 할 수 있다.

당시 어린이문학계에는 크게 네 가지 문제가 있었다. 첫 번째는 어린이문학을 어린이들한테 반공 의식을 주입하기 위한 도구로 보는 반민족, 반통일 문제였다. 두 번째는 말장난이나 저질스런 홍미 위주로 흘러가는 통속화와 상업주의 문제였다. 세 번째는 어린이문학을 자기 과시와 자기만족을 위한 유희나 장난감으로 여기는 비문학 문제였다. 네 번째는 어린이문학을 입신출세 도구로 보는 일부 작가들이 수준에 미치지 못하는 작품을 자기 돈으로 출판해서 나눠 주는 자비 출판의 심각한 폐해였다. 이런 상황에서 한때의 흐름을 타고 어린이들을 구속하려는 교훈주의와 반공 도덕주의에 치우친 작품들을 많이 만들어 내면서 태작, 모작, 표절작이 넘쳐나게 되었다.

한국아동문학가협회가 만들어지고 나서 이오덕이 두드러지게 활동하는데, 특히 평론 부분에서 활발했다. 이원수는 앞서 말한 선언문을 구체로 실현하는 길 가운데 하나로 이오덕이 평론을 쓸 수 있도록 크게 북돋아 주었고, 회원 문인들한테 이오덕이 글을 쓰는 데 필요한 자료를 구해 주도록 권하였다. 이렇게 협회 이사회가 나서서 돕는 가운데 이오덕은 글쓰기 중심을 창작에서 비평으로 바꾼다.

이오덕이 당시 평론을 시작하면서 얼마나 단단히 마음을 다졌는지는, 서른 해 동안 편지를 주고받으며 속내를 다 털어놓았던 권정생한테 보낸 편지에 잘 나타나 있다.

> 요즘 저는 아동문학에서 아주 철저하고 과감한 태도로 평을 쓰고 논리를 세워 가야겠다고 생각합니다. 선배, 동배, 후진 할 것 없이 친소를 막론하고 쓰고 싶은 것을 써야겠습니다. 그래야만 안일 무사주의와 문단 출세주의로 흐리멍덩하게 되어 있는 우리 아동문학을 일깨워 전진시킬 수 있다고 봅니다. 이렇게 하면 나를 미워하고 적으로 삼을 사람이 많이 나올 것입니다마는, 그런 것 다 각오해야지요. 애당초 문단 출세주의와는 상관이 없는 나로서는 되지 못한 것들이 욕하고 떠든다고 손해 볼 일은 없습니다. 진실을 위한 싸움에서는 아동문학가들보다 일반 문단과 작가, 시인, 평론가들이 더 많이 성원해 줄 것이라고 믿고 있습니다.[1]

---

1. 이오덕(2003)과 권정생,《살구꽃 봉오리를 보니 눈물이 납니다》, 한길사, 82쪽

협회 선언문과 통하는 이런 결심을 굳게 하면서 이오덕은 어린이문학 비평가로 세상에 나온다. 그이의 비평은 당시 어린이문학계에 지축을 흔드는 충격을 준다. 그 충격의 진원지인 이오덕은 한국아동문학가협회 회원 일부와 일반 문인들과 독자들한테는 지지와 격려를 받았지만 동시에 많은 어린이문학인들 사이에서는 극렬한 비난을 받았다. 특히 이오덕이 비평에서 겨냥한 작가, 그리고 그이들과 비슷한 성향을 갖고 있던 어린이문학가들한테 분노와 미움을 샀다.

이오덕이 모작과 표절 작품들을 비판하면서 1980년대 전후로 십 년 넘게 논쟁이 계속된다. 이오덕은 어린이문학 가운데서도 동시를 주로 비판했다. 그러나 당시 어린이문학은 동시뿐 아니라 동화 또한 이 비판에서 자유로울 수 없었다. 이오덕이 동화까지 짚지 못했던 까닭은 자신이 동시 작가였기 때문이라고 본다.

한국아동문학가협회는 동시문학계에서 관습처럼 된, 문학에 반하는 부정과 비리에 대해 논의하였다. 그리고 비판 글을 쓰기에 알맞은 사람으로 이오덕을 정한 뒤 여러 회원들이 모작 동시나 표절 동시 자료를 찾아서 주었다. 곧 동시 모작과 표절에 대한 비판은 처음부터 협회 차원에서 기획된 것이라는 뜻이다.

이처럼 모작과 표절을 더 이상 관행처럼 내버려 두어선 안 된다는 결심으로 시작한 비평에 일부 당사자를 비롯한 어린이문학인들이 강하게 들고일어났다. 그러면서 논쟁이 제대로 발전하지 못하고 한국아동문학가협회와 한국아동문학회가 서로 주도권을 잡으려 벌이는 패싸움처럼 바뀌고 말았다. 그 뒤로도 영향이 남아 한국아동문학가협회에서는 준비하고 있던 다음 해 기관지를 내지 못하고, 내분이 일어나 단체가 나누어지기까지 하였다. 이런 내분 때문에 논쟁은 처음 의도와 달리 협회 차원이 아니라 이오덕 개인 문제로 좁혀졌다. 이오덕이 단체 내분까지 받아들이면서 홀로 계속 맞서 싸우자, 이오덕을 격려하고 지지하기보다는 비판하고 음해하는 어린이문학인들이 많아졌다.

이오덕의 비평에 어린이문학인들 대부분이 등을 돌렸고, 이오덕 주장이 맞다고 지지하던 어린이문학인들까지도 이오덕 이야기가 나오면 자리를 피하거나 침묵해야 하는 험악한 분위기가 되었다. 많은 어린이문학인들, 내로라하던 어린이문학인들까지도 모작이나 표절에 대한 비판에서 자유롭지 못했던 까닭에 이런 분위기가 이루어졌던 것이다. 그러다 보니 이오덕의 비평에 대한 정당한 반론보다는 뒤에서 헐뜯고 해치는 이야기들이 많았다.

'표절 동시론' 고소 사건

가장 큰 논란을 일으킨 것이 1975년 한국아동문학가협회에서 기획, 편집하여 펴낸 《동시, 그 시론과 문제성》이다. 이 책은 동시 문제를 집중해서 다룬 것으로, 1971년 협회를 만들면서부터 당시 동시 문제에 대해 논의하고 연구해 온 결정판이라고 할 수 있다.

이 책에서 이원수는 석용원, 이준구, 박목월 동시를 보기로 들어, 나이에 맞지 않게 어린 티를 내면서 아이들 생각이나 감정을 경원시하는 사람들 동시가 세상에 버젓이 나돌고 있다고 비판한다.

이오덕은 박경용과 신현득 동시를 보기로 들어, 아이들 생활은 없이 오직 아이들을 장난감으로 놀리고 어루만지는 어른의 퇴행 정신을 동심이란 탈을 쓴 채 표현하고 있다고 날카롭게 비판한다. 나아가 1960년 뒤부터 동시를 써 온 사람들 가운데 박경용, 신현득 영향을 많든 적든 받지 않은 사람이 아주 드물다면서, 그 모방의 흔적을 실제 이름과 작품을 대며 비판하였다.

유경환은 동시가 어린이문학에 든다는 것은, '어린이'란 접두사가 아니라 '문학'이라는 본질에다 중요성을 둔 것이라면서 말장난에 머문 동시가 마구 나오고 있다고 비판하였다.

김녹촌은 동시와 어린이 시가 형식, 주체, 대상, 목적, 소재와 내용, 방법에서 어떤 차이를 갖는지 표로 보여 주었다.

이현주(이오덕)는 '표절 동시론'이란 글을 썼는데,[2] 한국아동문학가협회의 취지와 맞닿아 있는 글이었다. 협회를 만든 가장 큰 까닭은 선언문에서 볼 수 있듯이 어린이문학계가 잃은 '작가적 양심'을 되찾아서 바른 길로 가기 위해서다. 여기서 작가적 양심이란 옹졸한 윤리나 시대 흐름에 따른 도덕을 강요하지 않으면서 순수한 문학 창작을 하는 것을 말한다. 다른 사람이 쓴 작품을 훔치거나 흉내 내지 않고 순수한 창작 정신을 지키는 일도 여기에 들어간다. 이는 어린이문학, 성인문학, 순수 문학, 민족 문학, 현실 참여 문학, 현실 도피 문학, 리얼리즘, 모더니즘, 낭만주의, 자연주의를 가리지 않고, 또 요즘 같으면 포스트모더니즘이건 판타지건 따지기 전에 문학가로서 갖춰야 할 기본 자세다. '표절 동시론'은 바로 이런 문제에 대해 몇 년 동안 실증 자료를 모아서 쓴 글이다.

---

2. '표절 동시론'은 실제로는 이오덕이 썼는데 발표는 이현주 이름으로 하였다. 협회 이사회에서 편집 회의를 하다가 이오덕 글이 두 번 들어가니 한 편은 빼자는 의견이 나왔는데, 글 성격상 두 편 다 넣어야 한다는 의견도 있었다. 절충안으로 한 편은 이현주 이름으로 발표하자고 했는데, 이오덕과 이현주 모두 동의했다. 한 사람이 두 편을 싣는다고 해서 크게 문제될 것이 없는데도 굳이 한 편은 빼야 한다고 주장했던 것은, 문학관 차이뿐만 아니라 이원수한테 지지를 받던 이오덕이 협회 안에서 영향력이 급격히 커지는 것을 막으려 한 일부 임원들의 견제 심리 때문이라고 볼 수 있다.

이 글에서는 타작, 도작, 표절작, 모작으로 나누어 실제 동시 작품을 보기로 들었다. '타작'은 다른 사람이 쓴 작품 전체를 보태거나 빼거나 고치지 않고 거의 그대로 제 것처럼 발표하는 경우이며, 남의 작품을 내용이나 구성 같은 것을 대강 고쳐서 제 것처럼 만든 작품을 '도작'이라 했다. '표절작'은 남의 작품 문장 일부를 가져다가 자기 작품에 넣어서 쓴 것으로, 내용이나 구성이나 표현에서 바꿔치기하거나 이것저것 꾸며 맞추거나 해서 그 본색을 감추고 있으므로 도작이나 모작보다 교묘한 작품이다. '모작'은 모방작이라고도 하는데 다른 사람 작품 내용이나 기법을 단순하게 모방한 작품, 또는 새로 만들어 낸 자기 세계 없이 다른 사람이 쓴 작품 세계를 흉내 내는 것으로, 굳이 모방한 것을 감추려는 흔적이 뚜렷하지 않은 경우라고 했다.

이어서 이오덕은 "우리 아동문학에서 최초의 표절 작품이 어느 것이었던가? 확실한 것은 모르지만, 지금 가장 널리 알려져 있는 것이 1925년 동아일보 신춘문예 당선작으로 된 동요 '소금쟁이'일 것이다. (줄임) 그 원작인 '사이죠 야소(西條八十, 일본 시인)'의 작품을 비교해 보면, 이것은 시상이나 표현 기법의 단순한 모방이 아니라 전문을 거의 그대로 옮겨 놓은 완연한 표절이다. 이런 것을 어떻게 변명할 수 있었는지, 이 작품을 변호한 사람과 당시의 문단 사정이 도무지 이해가 안 간다"[3]고 하였다.

이렇게 우리 어린이문학계가 처음부터 표절을 죄로 여기지 않고 오히려 감싸 주면서 호지부지하였기 때문에 어린이문학인들의 참된 문학 정신을 굳게 세우는 데 실패한 것이 아닌가 의문을 제기했다. 표절 작품과 아류 작품이 판을 치면서 신춘문예 당선작이 취소되는

---

3. 이오덕(1975), '표절 동시론', 《동시, 그 시론과 문제성》, 신진출판사, 77쪽

일도 여러 번 일어났지만 늘 탈 없이 편한 쪽으로 넘어가면서 어린이 문학의 그림자가 되었다는 것이다. 남의 물건을 훔치면 절도죄로 형사 책임을 지는 것과 달리, 피를 말려 가며 쓴 문학 작품을 도용했을 때는 모호하고 치사한 변명이 따르다 결국 흐지부지되고 마는 현실을 비판했다. 적어도 인간다운 양심을 갖고 있다면 해서는 안 될 이런 일, 문학 정신의 부재 현상은 어린이문학인 모두가 책임져야 할 일이라고 하였다.

'표절 동시론'에서는 송명호가 쓴 '시골 정거장'을 최계락이 쓴 '가을'의 모작이라고 비평하였고, 한국아동문학가협회 회원이던 이진호가 쓴 '장독대 이야기'는 박경용이 쓴 '가을 밤'을 표절한 것이라고 비평하였다. 또한 이진호가 쓴 '아침'은 1967년 〈새벗〉에 실렸던 박경용 작품에서 낱말 두 가지만 바꾼 타작이라고 밝혔다. 이 밖에도 당시 활발하게 활동하던 여러 동시 작가의 작품을 보기로 들었다.

장독대 이야기[4]

이진호

밤중에
도란도란 얘기 소리.
장독대 일곱 오뉘
다정한 얘기 소리.

울 엄마와 훈이 엄마의

---

4. 이진호(1972), 《꽃잔치》, 동민문화사. '표절 동시론'에서 다시 인용.

걱정 담긴 김장 얘기.
우리 누나와 호야 누나의
볼 붉은 선본 얘기.

포롬한 달빛 아래
엿듣고 익혔다가
들킬라! 나즉나즉
주고받는 속 얘기.
오늘 밤도
문구멍으로 엿듣자!

조심조심 뚫어보는
달빛 짜한 마당에
나보다 먼저 듣는
가랑잎 하나.
사그륵 사그륵
가랑잎 하나.

가을 밤[5]

박경용

밤중에 바깥에서

---

5. 〈농민 문화〉 1970년 10월 호. '표절 동시론'에서 다시 인용.

도란도란 얘기 소리
보나 마나 뻔한 걸
어제 밤도 그랬는 걸
장독대 장독 식구 일곱 오뉘의
정다운 얘기 소리.
웃음 섞인
누나들 얘기랑
엄마들의
귓속말을
엿듣고 익혔다가
잠 깬 눈을 반짝이며
들킬라! 나즉나즉하게
주고받는 얘기 소리.

허지만 오늘 밤도
문구멍으로 엿듣자!

조심조심 내다보는
달빛 짜한 마당에
나보다 먼저 와 듣는
가랑가랑
가랑잎.

가을[6]

최계락

기차는 섰다,
시골 정거장.

손님은
단 두 분.

엄마한테
업힌 아가
기차가 떠나자
손을 흔들고,

역부는
외로히
돌아서는데,

울타리에 한 그루
단풍나무가

어스름

---

6. 〈소년 세계〉 1953년 10월 호. '표절 동시론'에서 다시 인용.

저녁놀에
꽃처럼 탄다.

시골 정거장[7]

송명호

어디쯤 왔을까?
창밖을 내다보면
코스모스 활짝 핀
시골 정거장.

능금 파는 아이는
경상도 사투리
정거장은 경상도
어디쯤일 거야.

내리는 사람
타는 손님
하나 없는데
기차는 왜 설까?
쓸쓸한 마을.

---

7. 〈국도신문〉 1959년 1월 1일 신춘문예 당선작. '표절 동시론'에서 다시 인용.

푸른 깃발 흔들며
금테 줄 단
늙은 역장님
호각을 불면
기차는 잠깐 쉬다
이내 떠나네.

코스모스
활짝 핀
시골 정거장

능금 파는 아이는
경상도 사투리
날 찬찬히
쳐다보는 걸 보면
서울이 무척
가고픈 게지.

칙칙푹푹 워—워—
기차가 굴다리를
들어서기 전
창밖으로 정거장을
돌아다보면

능금 파는

경상도 아이가
혼자 그림처럼
서 있네.

가을 바람
부는 대로
코스모스 같은
손을 흔드네.

    이 책이 나오고 나서 모작 사례 작품 '시골 정거장'을 쓴 송명호는, 편집 대표 이원수, 글쓴이 이현주, 출판사 대표 김수석, 자료 제공자 김종상, 이영호, 이오덕, 박경종, 정재호, 이렇게 여덟 명을 1975년 8월 서울지방검찰청에 '출판물에 의한 명예 훼손'으로 제소한다.

    송명호는 제소장[8]에서 피고소인들이 자신의 동시 데뷔작인 '시골 정거장'이 고 최계락의 동시 '가을'을 표절, 모작하였다는 사실무근인 악랄한 인신공격을 가하여 고소인의 작가적 생명에 치명상을 가했다고 주장하였다. 또 당시 심사를 했던 김요섭이 "상기 두 작품은 승하차 손님이 적은 쓸쓸한 시골 정거장을 묘사한 작품들로 역원, 꽃나무, 이별의 손짓 등 흔히 등장될 수 있는 소재이며, 어느 시인이나 상상할 수 있는 풍경이므로 발상, 표현, 내용에 있어서 추호의 관계도 없다"고 증언하였다고 하였다. 그러면서 두 작품은 어느 문인이나 일반 대중에게 감정 의뢰를 하더라도 매우 이질적인 고소인의 순수

---

8. 사건 번호 33641번, 담당 521호 최영철 검사. 송명호 주장은 이 제소장에서 인용하거나 요약하였다.

한 창작 작품임을 입증해 줄 것으로 확신한다고 주장하였다. 또 1961년 〈소년 한국일보〉에서 신인 문학상을 받았을 때 최계락이 심사를 보았다고 하면서, 자기 작품을 모방했던 작가한테 신인 문학상을 주었겠느냐고 반문한다. 그러면서 이번 명예 훼손 사건은 "대리 필자까지 동원해서 선량한 작가한테 집단적 정신 폭행을 가해 작가적 생명을 살해하려는 가공할 집단적 테러 음모"라고 규정하고, "허망스런 야욕으로 혈안이 된 벌거벗은 임금과 그 맹종자들의 상습적인 난무가 순수한 문단인 사회에서 근절되도록 엄숙한 국법과 진정한 문인의 양심으로 다 함께 준엄한 응징이 계시기를 바라옵니다" 하고 자기 생각을 밝혔다.

고소장을 살펴보면 송명호가 모작에 대해 이오덕과 다르게 생각한다는 것을 알 수 있다. '어느 시인이나 상상할 수 있는 풍경이므로 발상, 표현, 내용에 있어서 추호의 관계도 없다'는 말을 인용하고 있는데, 이는 곧 작가 자기만의 새로운 세계가 없다는 뜻이다. 누구나 상상할 수 있는 풍경, 발상, 표현, 내용이라면 그런 작품은 이미 독창성이 훼손된 것으로 태작이나 모작에 든다. 그런데 이름난 어린이문학가 말이라면서 모작이 아니라는 데 대한 논거로 내세우고 있으니, '문학이란 무엇인가' 곰곰히 다시 생각해 볼 필요가 있다.

이오덕은 작품에 작가 자신의 독창성이 없으면 문학이라고 할 수 없다고까지 단언한다. 이는 한국아동문학가협회 공식 선언이기도 하다. 고소장에 쓴 대로라면 송명호는 당시 한국문인협회 이사를 지낸 적이 있고, 한국아동문학회 기획심의위원장을 맡고 있던 중견 어린이문학가였다. 그럼에도 문학의 본질과 작가의 양심에 따라 새로이 만들어 내는 작품이 무엇인지 뚜렷하게 알지 못했던 듯싶다.

이오덕은 '시골 정거장'에 대해, "어디서 많이 본 듯한 작품, 안이

한 모방 상태의 언어, 억지스런 어린애 흉내, 시골을 멸시하는 작가의식, 실감 없는 유행 가사 같은 표현—이 작품의 어디에 시가 있는가? 이런 작품을 K씨는 심사 소감에서 '단연 눈에 띄는 작품으로 경쟁 없이 당선작으로 뽑았다'니 어찌 된 일인가? (줄임) 시골 정거장을 그린 작품에 흔히 이런 유형이 나오는데, 이런 모조품의 모델이 어쩌면 다음 작품 같기도 하다"[9]고 비판하였다.

곧 송명호의 '시골 정거장'은 당시 동시 작가들이 즐겨 쓰던 '시골' '정거장' '코스모스'처럼 상투화된 발상과 소재와 내용을 그대로 따르는 아류 작품 가운데 하나라고 보면서, 최계락의 '가을'을 그 모작 대상의 한 보기로 든 것이다. 이오덕은 모작으로 보는 근거로 '시골 정거장 / 손님은 단 두 분(최)'과 '시골 정거장 / 내리는 사람 타는 손님 하나 없는데(송)', '엄마한테 업힌 아가 기차가 떠나자 손을 흔들고(최)'와 '능금 파는 경상도 아이가 / 손을 흔드네(송)', '역부는 외로히 돌아서는데(최)'와 '금테 줄 단 늙은 역장님 호각을 불면(송)' 같은 구절을 들고 있다.

'표절 동시론'에서 송명호 시를 보기로 든 까닭은, 타작과 표절작을 비판하고자 서론에서 내놓은 몇 가지 개념 가운데 하나인 모작의 사례로 보여 주기 위해서였다. 글 전체에서 꼭 필요한 중심 내용이 아니라, 글의 핵심인 표절 동시를 비판하기 위해 모작과 표절이 어떻게 다른지 살핀 대목이다. 그래서인지 이오덕 자신의 감상과 주장만 있을 뿐이지 구체 평이 없다. 어떤 언어가 안이한 모방 상태의 언어인지, 왜 그렇다고 생각하는지, 어떤 구절이 억지스런 어린애 흉내인

---

9. 이오덕(1975), 앞 글, 82쪽.

지, 시골을 멸시하는 의식이 드러난 부분이 어디인지, 유행가 가사 같은 행이 어느 것인지 세밀하게 지적하지 않았다. 이 때문에 작가인 송명호로서는 받아들이기 어려웠을 수 있다. 그렇다면 작가로서 논증을 통한 반론을 써야 하는데 그런 것 없이 명예 훼손으로 고소를 한 것은 아쉽다. 어쩌면 이오덕이 쓴 글을 이현주 이름으로 발표했다는 약점을 잡았기 때문일 수도 있다.

당시 한국아동문학가협회 내부 사정이 어떠했든 글쓴이.이름을 바꿔서 발표한 것은 협회 잘못이다. 집단 토론을 거쳐 나온 이야기를 바탕으로 쓴 글이더라도 쓴 사람이 분명히 있는데 자료 수집을 도와준 다른 회원 이름으로 발표했다는 점에서 도덕성에 타격을 입을 수밖에 없는 것이다. '표절 동시론'으로 충격을 받은 어린이문학계에서 본질을 가지고 치열한 논쟁을 벌이지 못하고 이런 약점을 두드러지게 하면서, 두 단체의 보람 없는 감정 싸움으로 바뀌어 버린 것이 아쉽다.

이렇게 되는 데는 언론도 한몫을 했는데, 그 가운데서도 〈한국일보〉가 앞장을 섰다. 한국아동문학가협회에서 《동시, 그 시론과 문제성》을 펴내자, 한국아동문학회는 이를 어린이문학계 전체가 스스로 깨닫기를 촉구하는 비평보다는 자기 단체와 회원에 대한 비난으로 받아들인다. 한국아동문학회가 한국문화예술진흥원 후원을 받아 개최한 제5회 아동문학 세미나에서 이상현은 이오덕 평론을 겨냥하는 '네거티브적 시론을 추방한다'를 발표한다. 이 발표문에서 이상현은 '시는 상상의 극적인 언어 미학'인데 이오덕은 이러한 상상을 추방하며, 나아가 '시 이전의 문제'로 시에 대한 본질적 오류와 독단을 범하고 있어 한심스럽다고 하면서, 시와 상상의 관계를 철저히 부정하는 '네거티브적 비평'이 날뛰고 있다고 비판하였다. 〈한국일보〉는 이에 대한 기사¹⁰를 크게 내고, 이어서 송명호가 한국아동문학가협회 사람들을 명예 훼손죄로 법정에 고소했다는 기사¹¹까지 크게 다루면서 송명호 쪽을 적극 변호한다.

이에 대해 이오덕은 대구 〈매일신문〉을 통해, 어린이문학가들이 어린이를 모를 뿐 아니라 알려고도 하지 않고 자기 취향에만 빠져서 어린이문학을 쓰고 있다고 반론을 편다. 나아가 어린이를 알려고 하기는커녕 오히려 기피하고 있는 이런 어린이문학은 결국에는 아이들한테 버림받을 것이며, 아이들한테 버림받는 작가들은 역사에도 버림받을 수밖에 없다고 단언한다.¹²

그러나 문학 논쟁을 법정 소송으로 끌고 가는 것에 여론이 좋지 않은 데다 두 단체 모두 스스로 떳떳하지 못한 점이 있었기 때문에 부담이 컸다. 그래서 먼저 논쟁을 시작했던 한국아동문학가협회에서 회장 이원수 이름으로 신문 광고란에 해명서¹³를 발표하고, 그 뒤에 송명호가 스스로 소송을 취하하였다.

송명호는 "문단 일부에서는 이 사건이 단순한 개인의 명예 훼손 문제가 아니라 사회 문제이기 때문에 철저히 규명해야 한다고 계속 강경 입장을 취하도록 주장하는 이들이 많지만, 피고소인이 정식으로

---

10. '아동문학 세미나', 〈한국일보〉 1975년 8월 12일.
11. '문학 작품과 모작의 한계', 〈한국일보〉 1975년 9월 2일.
12. 이오덕, '아동문학가의 아동 기피', 〈매일신문〉 1975년 9월 3일.
13. 〈조선일보〉 1975년 9월 20일. 이원수는 이 해명서에 대해 1976년 5월 2일 〈독서신문〉에 실린 '나의 회고록'이라는 글에서, 상대가 고소를 취하하지 않으면 글쓴이와 자료 제공자들이 겪어야 할 고통을 외면할 수 없어 협회 이름 아래 자기 이름을 넣어 발표하는 것을 허락했다고 하였다. 이는 그것을 원한 사람한테는 위로나 승리가 될 수 있겠지만 어린이문학사에 기록될 부끄러운 일이라고 하면서 서명한 것을 자책한다.

해명서를 내어 잘못을 시인하고 사과해 왔으므로, 소송 목적이었던 명예 회복이 어느 정도 이루어졌다고 생각, 취하하기로 했다"[14]고 밝혔다. 이렇게 모작과 표절 시비는 표면상 일단락되었다.

모작, 표절 논쟁이 남긴 것

이렇게 해명서를 발표하고 소송을 취하한 것은 서로 직접 말은 하지 않았지만 더 이상 싸움이 번지는 것을 막고 이 정도 수준에서 끝내기로 양해를 한 결과라고 볼 수 있다. 곧 한쪽에서는 '해명서' 광고를 신문에 내고, 한쪽에서는 이를 '사과문'으로 인정하겠다는 것이다.

그러나 이오덕은 해명서에 대해, 자기가 쓴 글을 이현주 이름으로 발표한 것을 사과한 것이지 모작이라 비평한 것을 잘못했다고 사과한 게 아니라면서 반발하였다. 그리고 자기 주장이 정당함을 보여 주기 위해, 어린이문학 사회에 판치고 있는 모작 사례를 비판하는 '모작 동시론'을 연재하기 시작하였다. 〈영남일보〉에 1976년 3월 4일부터 일곱 번에 걸쳐 실렸다.

'모자의 뜻, 모자의 유형, 의도적 모작, 무의식적 모작, 매너리즘의 말기 증상, 시의 자각'이라는 차례로 연재한 이 기사는 나중에 《시정신과 유희정신》에 다듬어서 실었는데, 모작 작품과 그 대상 작품 관계를 표로 만들어 보여 주면서 독자들과 일반 문인들한테는 꽤 많은 지지를 받았다. 모작의 말뜻을 정확히 밝히고 당시 적잖은 동시인들이 모작 상태에 빠져 있다면서 작가로서 양심에 비추어 스스로 돌

---

14. 〈한국일보〉, 〈조선일보〉 1975년 9월 23일

이켜 보기를 촉구하고 있기 때문이다.

그러나 어린이문학계에서는 이오덕이 고립되는 결과를 가져왔다. 한국아동문학가협회 임원진이 결정하여 이원수 회장 이름으로 해명서를 발표해 한국아동문학회와 시비를 마무리 지으려고 했는데, 이오덕이 이를 따르지 않고 오히려 한국아동문학회뿐 아니라 한국아동문학가협회 문인들 작품까지 비평 대상을 넓혔기 때문이다.

이에 대해 박경용은 〈한국일보〉 시론에서 이오덕을 비판한다.[15] 박경용은 당시 어린이문학계가 일찍이 그 유례를 찾아보기 어려울 만큼 혼란에 빠져 있다면서 이를 극복하기 위해 제거해야 할 부정적 요인으로 외부 문제와 내부 문제가 있다고 하였다. 그 내부 문제로 이원수와 이오덕을 거론하면서 어린이문학계가 혼란스러운 가장 큰 원인은 "일부 무지하고 몰지각한 사람들의 비평 활동"에 있다고 하였다. "아동 지상주의를 내걸고 아동문학 작품을 문학 이전의 글짓기 작품으로 저울질하려는 그 무지, 부정으로만 시종하는 비뚤어진 문학관, 분별없는 난도질을 능사로 하는 횡포 등 그 모두가 비평가로서의 자질과 비평의 기본 모럴에 벗어나는 저질성을 여지없이 드러내고 있는 것"이라고 비판하였다.

표절이나 모작을 하지 말자는 뜻으로 비평을 했다고 해서 이처럼 '무지' '몰지각' 한 사람이라고 공격하고, 어린이날 시론에서 어린이를 어린이문학 중심에 놓고 보자는 생각을 부정하고, 표절이나 모작을 부정하는 것을 비뚤어진 문학관이나 분별없이 난도질하는 횡포로만 보는 것이 현재 상식으로는 이해하기 어렵지만, 그만큼 표절이나

---

15. 박경용, '오늘의 아동문학', 〈한국일보〉 1976년 5월 5일

모작에 무감각했던 당시 사회와 어린이문학계 상황을 잘 알 수 있는 글이다.

박경용은 더 나아가 "이에 못지않게 한심한 일은, 그러한 의도적인 오진, 또는 무지로 말미암은 만용스런 횡포가 아동문학계의 일각에서 공공연하게 아무 거리낌 없이 옹호되고, 또한 아동문학 작품의 보급과 직결되는 교단에서 마치 아동문학의 모범적 이론으로 신주(神主)인 양 받들어져 오고 있는 사실"이라고 비판한다.

당시 어린이문학인 팔십 퍼센트가 현직 초등학교 교사들이라는 통계 자료를 내놓으면서, 초등학교 교사들이 일부러 또는 무지해서 작가들한테 횡포를 부린다고 하였다. 그리고 교사이기 전에 작가로서 작품을 보라고 요구한다. 문학 작품을 작가가 아니라 교사 눈으로 보기 때문에 효용성에만 치우쳐서 부정한다는 것이다.

이렇게 작품을 두고 논쟁하기보다 비평가한테 인신공격을 일삼는 일은 1970년대 말까지 이어지는데, 주로 이오덕을 표적으로 삼아 여러 사람들이 공격한다. 그런데 주요 내용을 살펴보면 결국은 비평을 하려면 살살 작은 소리로 가려운 부분만 긁어 주고 좋은 면을 긍정해 써야지, 대놓고 부정하는 비평을 해서 동류 작가들 밥그릇이나 깨려고 한다는 비난이다.

이런 논쟁 내용과 과정을 보면 그동안 어린이문학계가 얼마나 비평다운 비평 없이 소속 단체, 학연, 지연 같은 친분이나 당파성, 또는 상업 이익에 따라 주례사처럼 요란한 수식어로 칭찬이나 하는 풍토에 익숙해져 있었는가 알 수 있다. 또 이오덕이 표절론과 모작론을 발표하면서, 안일주의와 출세주의에 물들어 있던 일부 어린이문학가들과 '비평은 곧 칭찬'이라는 도식에 사로잡혀 있던 당시 대다수 어린이문학가들이 얼마나 큰 충격을 받았는지, 동시에 그 가운데 일부는 그로 인한 기득권을 놓치고 싶지 않다는 헛된 꿈에서 벗어나지 못하고 있음을 알 수 있다.

그럼에도 1970년대 모작, 표절 논쟁 뒤에 어린이문학계에서는 자기가 지도한 어린이 시를 자기가 쓴 시처럼 발표한다거나 다른 작가 작품을 일부러 표절하는 일이 꽤 줄었고, 찬성이나 반대를 떠나 어린이문학계가 깨끗해지는 데 큰 영향을 주었다. 나아가 그 뒤 어린이문학계에 새로운 기풍이 일어날 수 있는 밑바탕이 되었다는 데 큰 가치가 있다.

이오덕은 문학 작품에서 독창성이 생명이라고 본다. 사실 모든 예술의 생명은 자기만의 창조성이다. 예술로서 문학은 새로운 세계를 창조해서 독자에게 보여 줄 수 있어야 한다. 어린이문학은 어린이에게 주는 문학, 곧 어린이들의 예민한 감수성과 정신세계에 맞닿는 문학이므로 그 어떤 문학보다도 더욱 독창성을 좇아야 한다.

어린이문학에서 모작이나 표절은 어린이를 죽이는 죄악이다. 거짓과 허위의식이 아니라 진실을 창조해야 한다. 이는 너무나 당연한 것이다. 수많은 어린이문학가들이 반발했는데도 이오덕이 이런 당연한 문제에 매달려서 여러 동시를 낱낱이 비교 분석하며 모작과 표절을 드러내 놓고 비판한 까닭은, 그만큼 당시 많은 어린이문학가들이 빠져 있던 이중으로 된 열등의식을 넘어서기 바랐기 때문이다. 이중 열등의식이란 서구 문화에 대한 열등의식과 성인문학에 대한 열등의식이 겹친 상태를 말한다. 그 열등의식을 건전하지 못한 방법으로 풀려는 어린이문학가들이 동화나 동시를 자기 유희거리로 삼거나 상업성에 따라 태작이나 모작을 일삼는 창작 태도를 버려야만 참으로 어린이를 위한 어린이문학을 창조할 수 있다고 보았다.

지금까지 살펴본 것처럼 이오덕은 한국아동문학가협회에서 1970

년대 당시 어린이문학계에 배어 있던 반문학 버릇들에 대해 비판하기 시작했고, 온갖 비방에도 지지 않고 홀로 맞서 계속 논쟁을 이어 간다. 그렇게 해서 동시를 비롯한 어린이문학 작가들이 도덕성에 대해 스스로 깨닫도록 충격을 주었다. 그리고 동시의 독창성, 모작과 표절을 가르는 경계선이 무엇인가 파악하는 데 디딤돌이 되었다.

적어도 교직에 있던 어린이문학가들한테 어린이 작품을 자기 이름으로 버젓이 바꿔치기해서 발표하는 것은 분명한 도작이며 죄임을 일깨워 주는 데는 성공하였다. 그리고 글쓴이가 있는데도 도와준 사람 이름으로 발표하는 관행 또한 잘못이라는 자기반성을 하게 되었다.

3. 어린이문학의 현실성

1980년대 이념론과 색깔 공격

1985년 〈민중 교육〉 사건[1]과 1986년 교육 민주화 선언[2] 같은 교육 민주화 운동에 대해 제5공화국 정권은 정치 탄압을 진행했다. 이 연장선에서 나온 것이 어린이문학에 좌경 용공론이 침투했다는 공격이다. 제5공화국 전두환 정권은 '삼민투' '평화의 댐' 문제 들을 언론에 크게 보도하면서 공안 정국으로 몰아가고, 매카시즘을 널리 퍼뜨

---

1. 전국교직원노동조합(1990), 《한국 교육 운동 백서》, 풀빛출판사, 37쪽 참조.
 1985년 5월에 초등, 중등 교사들이 참여한 부정기 간행물 두 가지가 동시에 나왔다. 〈민중 교육〉(실천문학사)과 〈교육 현장〉(사계절)이다. 두 잡지 모두 교육 민주화에 뜻을 둔 교사들이 교육 문제를 겉으로 드러낸 잡지다. 문학 활동을 하던 교사들이 많이 참여했고, 이들을 탄압하는 과정에서 어린이문학 쪽으로도 영향이 미쳤다.
2. 같은 책, 48~58쪽 참조.
 1986년 5월 10일 한국YMCA중등교육자협의회에서, 정권이 교육을 이데올로기의 시녀로 삼는 것을 비판하면서 교육의 정치 중립성과 민주, 민족 교육 실천을 선언했다.

려 공포 정치를 더 튼튼히 하고 있었다. 이 과정에서 공안 정국을 이끌던 정부 기관과 그동안 이오덕이 비판했거나 갈등 관계에 있던 몇몇 어린이문학인들이 힘을 모아 만든 합작품이 '좌경 용공 어린이문학론'인 것이다.

어린이문학사에서 이념 논쟁이나 정치 탄압이 어느 한때에만 있었던 것은 아니다. 인류 현대사를 살펴보면 자유, 자본주의 이념과 사회, 공산주의 이념은 지구촌 곳곳에서 서로 증오와 분노의 칼날을 세워 왔고, 그 가운데서도 우리 민족은 두 사상이 맞서는 과정에서 가장 큰 상처를 겪었다. 이 대립은 우리 민족 구성원 모두의 삶에 영향을 끼쳐 수많은 아픔을 낳고 있으며 어린이문학계 또한 그 고통을 고스란히 안고 있다.

어린이문학 운동사 초기부터 천도교 교인이자 민족주의 계열인 방정환과 사회주의 계열인 정홍교를 중심으로 갈등과 대립이 매우 심했다. 방정환이 젊은 나이에 세상을 떠난 까닭도 〈어린이〉와 〈학생〉 같은 어린이, 청소년 잡지를 펴내느라 과로한 데다 정홍교 계열에게 주도권이 넘어가면서 어린이 운동이 변질되고 쇠퇴하는 데 따른 좌절감이 겹쳤기 때문이라고 볼 수 있다. 방정환은 마지막에도 '우리 어린이들을 어떻게 하느냐?'고 걱정하면서 눈을 감았다고 한다. 조선 소년 운동의 주도권을 사회주의 계열이 휘어잡으면서 어린이 해방 운동이 사회주의 운동을 위한 도구로 굴러떨어지는 데 대한 좌절 심리가 드러난 것이라고 볼 수 있다. 또 1930년대 카프 문학이 나타나면서 어린이문학계 또한 갈등을 겪었고, 카프 계열 어린이문학가들이 방정환 계열 어린이문학을 혹독하게 비판했다.

1945년 해방 뒤에도 문단이 좌우로 심각하게 맞섰고, 이러는 가운데 진보 민족주의와 좌익 성향을 가졌던 어린이문학인들이 학살을 당하거나 애꿎게 희생당한 사례가 많았다. 권태응, 윤복진, 현덕, 남대우, 백석, 노양근, 최병화, 이영철 같은 이는 그나마 나중에라도 유고 작품을 찾아내 다시 보게 됐지만 작품마저 없어져 어린이문학사에 이름조차 남지 않은 사람도 많을 것이다.

한국전쟁을 겪으면서 다른 분야와 마찬가지로 어린이문학에도 전쟁 문학과 반공 문학이 나타난다. 주로 종군 작가들을 중심으로 하며, 전투 장면을 묘사하거나 공산군에 적개심을 갖게 하는 내용들이다. 1952년 7월 피난지 대구에서 이원수, 김원룡을 비롯한 이들이 처음 만들었다가 1956년 10월 폐간된 어린이문학 잡지 〈소년 세계〉에도 국군이 활약하는 전투 장면이나 화보가 자주 실렸고, 마해송, 강소천, 박경종을 비롯해 여러 작가 작품에서도 확인할 수 있다. 반공 문학은 1950년 전쟁 중에 종군작가단(단장 마해송)이 처음 시작하였으나 극성기는 1970년대와 1980년대였다. 적어도 초기 반공 문학은 주로 자기가 겪은 일을 바탕으로 쓰면서도 어린이들이 동족한테 증오심을 갖도록 강요하지는 않았다.

그런데 1970년대에 이르면 반공 동화나 반공 소년 소설이라는 이름으로 수십 권씩 펴내어 주로 동네 서점이나 문방구에서 팔거나 학교에서 억지로 사게 하는 일이 잦았고 그만큼 수요도 많았다. 이 수요를 대기 위해 반공이라는 이름에만 기대 서둘러 만들게 되고, 그러면서 문학성을 찾아보기 어려운 저질 반공 작품이 많이 나왔다. 반공 동화는 주로 악랄한 공산군이 악마처럼 백성을 마구 죽이고 영웅다운 국군과 착한 미군이 나와서 주인공을 구한다는 기본 줄거리를 갖고 있다. 그래서 어린이들에게 '공산당은 악마' '국군과 미군은 천사' 라는 이분법 사고와 함께 관념에만 사로잡힌 증오심을 심어 줄 위험이 있다.

'증오'를 갖게 되는 까닭은 두 가지다. 자기가 실제로 겪은 일 때문에 만들어지거나, 다른 사람 이야기나 책, 영화 같은 간접 경험으로 만들어진다. 어느 쪽이든 증오는 인간의 성장에 좋지 않은 영향을 끼친다. 그래도 실제 경험으로 생긴 증오심은 그 문제가 해결되거나 스스로 용서하여 맺힌 마음을 풀면 사라진다. 우리 민족 심리 특성 가운데 하나라고 하는 '한'과 '한풀이' 문화가 그 본보기다.

그런데 머릿속에 관념으로 만들어진 증오는 대상이 실제로 있는 것이 아니기 때문에 현실 속에서 구체 대상을 찾으려 하고, 조금만 비슷해 보여도 착각을 일으킨다. 또는 스스로 대상이 되어 버리기도 한다. 곧 관념으로 만들어진 증오심은 표적이 없어서 그 표적을 스스로 만들어 낸다는 것이다. 반공 문학이 우리 아이들한테 미치는 가장 큰 문제는 이렇듯 건전하지 못한 자아를 형성하면서 나와 다른 사람에 대해 이분법에 따른 증오감을 갖게 할 수 있다는 점이다.

1970년대 교육 현장에서는 초등학교 1학년까지 고사리손을 머리 위로 치켜들면서 '쳐부수자 공산당, 때려잡자 김일성'을 외치고, '초전박살' 구호에 맞춰 손뼉 치며, '이승복 신드롬'에 빠지고, 학교에 반공 동화를 억지로 팔아 독후감을 쓰게 하였다. 해마다 6월이면 공산당을 뿔 달리고 송곳니가 드러나며 짐승 손톱을 한 악마로 표현하는 반공 포스터를 따라 그리도록 하고, 글짓기와 표어 짓기를 강요했다. 이러한 반공 교육은 '반공' 전에, 우리 아이들 마음에 관념으로 이루어진 증오심을 부추기는 '반교육성'을 품고 있었다.

반공 교육에 문제를 제기하면 곧 '용공분자' '공산주의자'로 몰았는데, 사실 반공 교육에 반대하는 일은 공산주의 사상을 지지하느냐 아니냐와 관계없이 '어린이를 위한 교육'이라는 본질에 관한 문제다. 이오덕이 문제를 제기한 것 또한 좌우 이념 전에 교육의 본질에 대해서였던 것이다.

　반공 어린이문학 문제 또한 어린이들 삶을 올바르게 가꾸는 데 도움을 줄 수 있는 문학, 어린이를 위한 문학인지 아닌지에 대한 문제여야 한다. 그런데 실상은 전혀 그렇지 못했다. 이원수는 1949년 《숲속 나라》를 발표한 뒤 반대파들한테 계속 좌익 문인으로 비판을 당했고, 1960년대에도 이에 대한 시비가 있었다. 일과 놀이와 공부가 하나 되는 교육을 하면서 어린이들과 어린이 마음을 가진 어른이 함께 아름답고 평화로운 나라를 세우자는 주제를 담아냈을 뿐인데 말이다. 이런 시비 때문에 이원수는 4.19혁명 뒤로 1960년대 어린이문학 비평 활동을 활발하게 하면서도 누가 쓴 어떤 글인지 구체 대상을 밝히지 않고 두루뭉술하게 말하는 경우가 대부분이었다. "문단 내부의 이해관계자가 아니면 전모를 제대로 파악할 수 없는 이러한 글쓰기 방식 또한 반공주의로 인한 내면 검열의 결과"[3]라는 해석이 가능하다.

　1990년대 전후는 이오덕과 그 문학론을 지지하는 사람들을 극단의 반공 논리로 공격하는 일이 특히 많았다. 당시는 매우 심한 공안 정국이었는데도 이오덕과 권정생 작품이 '좌경 용공'이라는 공격 자체가 너무 편협한 왜곡이었기 때문에 효과를 거두지 못하고 오히려 반작용이 더 커지자 슬그머니 꼬리를 감추었다.

　1986년 1월 11일 〈연합통신〉에서 각 언론사로 '아동 도서에 민중론 침투'라는 제목의 보도 자료를 보냈다. 부제목은 '계층 간 갈등과 대결 의식 고취, 전문가들 어린이 성격 변질 우려'였다. 이것은 당시 광주민주화운동을 시민의 피로 물들이고 정권을 빼앗은 제5공화국

---

3. 선안나(2006), 〈1950년대 동화, 아동 소설 연구—반공주의를 중심으로〉, 성신여자대학교 박사학위 논문, 153쪽

이 집권하면서부터 '무림 사건' '학림 사건'을 조작하고 '금강산댐과 평화의 댐' '삼민투' '민중 교육론'들을 왜곡하면서 국민의 공포와 증오를 이용해 국민을 통제하려고 했던 무리수 가운데 하나였다. 여기에 1970년대부터 이오덕의 두려움 없는 비평 활동으로 입지가 흔들리면서 마음이 불편했던 어린이문학인들이 편승해서 부추기고 널리 퍼뜨렸다.

그 보도 자료는 〈경향신문〉(1986년 1월 11일)과 지방 신문 몇 곳에서만 받아 실었다고 한다. 〈경향신문〉도 기사 제목을 '동시에도 민중론—도서잡지윤리위 대책 강구 중'이라고 바꾸었다.[4] 〈연합통신〉 보도 자료 내용이 이오덕 동시 몇 구절뿐이었기 때문이다. 그런데 방송에서는 '아동문학에도 좌경 의식화 판친다' 같은 선정 기사로 탈바꿈하여 뉴스 시간에 내보냈다.

보도 자료에서는 이오덕의 시 '쉬는 시간'에서 "들이받아라! / 쥐어질러라! / 까라! / 까라! / 까라! / 그리고 웃어라!"라는 구절만 소개하고 '적개심과 투쟁 의식을 고취하는 내용'이라고 비판하였다.

한국도서잡지주간신문 윤리위원회 위원장 정원식은 한마디로 무서운 현상이라고 하면서 "아동 도서는 어린이들에게 밝은 미래를 제시하고 희망을 주는 내용이어야 하며, 지나치게 갈등 의식을 고취한

---

4. 〈경향신문〉 보도 다음 날인 1986년 1월 12일, 글쓴이가 평소 알고 있던 초등 교사 출신의 〈연합통신〉 기자한테 어떻게 작성된 것인지 알아봐 달라고 부탁하였다. 그 기자는 〈연합통신〉 기자가 취재해서 작성한 것이 아니고 밝힐 수 없는 외부 기관에서 보내 온 것이라고 하였다. 그런데 기사에서는 자료 출처를 한국도서잡지주간신문 윤리위원회(위원장 정원식)라고 하였다. 글쓴이가 윤리위원회 쪽에 자료 작성 담당자가 누구인지 밝히고, 우리가 토론 마당을 마련할 테니 나와 달라고 요구하였다. 그러나 전화를 받은 직원들은 잘 모르는 일이라면서 자기 이름도 밝히지 않고 일방으로 전화를 끊었다.

작품은 철저히 배격되어야 한다"고 하였다. 동시 전문을 읽지 않고 이 부분만 읽은 사람들은 정말 그렇게 생각할 수도 있겠다.

'초등학교 교장이라는 사람이 동시라고 써서 아이들한테 주는 글인데 들이받고 쥐어지르고 그것도 모자라 "까라! 까라! 까라!"고 섬뜩한 말로 선동이나 하다니. 이런 사람이 어떻게 초등학교 교육자인가? 이런 게 바로 교육계와 어린이문학계에 침투하고 있는 좌경 용공 분자들이구나. 이런 자들이 아이들을 가르치고 있으니 대학생들이 전부 빨갱이가 돼서 경찰한테 돌이나 화염병을 던지고 쇠파이프로 때리는 거지. 이런 인간들은 다 잡아다 혼쭐을 내야 돼.'

이런 식으로 치달으면 끝내 누군가를 파멸시켜도 된다는 집단 증오와 폭력에 동조할 수도 있을 것 같다.

〈교육신보〉는 '아동문학 작품 계층 갈등 논란—도서잡지윤리위 이오덕 교장 작품 지적'이라는 기사에서 그동안 일어난 논란을 자세히 소개했다. 또한 다른 매체 보도 자료에서 몇 구절만 따서 지적했던 '쉬는 시간' 전문을 공개하였다.

'쉬는 시간'은 이오덕 두 번째 동시집 《탱자나무 울타리》(1969)에 처음 실렸고, 《개구리 울던 마을》(1981)에 다시 실렸고, 시비에 휘말리고 난 다음 해에 낸 《언젠가 한번은》(1987)에도 실렸다. 이 시를 읽고 어린이들한테 계급 투쟁과 무서운 폭력을 부추긴다고 문제를 제기한 독자는 없었다. 시 전문을 보면 그런 생각이 들 수 없기 때문이다.

쉬는 시간

쉬는 시간이다.

뛰어나가자!
고함을 치고, 뛰고, 뒹굴고,
차라, 차라!
나무토막을
깡통을
돌멩이를
돌멩이를
차라!
차라!
벌을 서고 꿇어앉았던 다리로
걸상을 받쳐 들었던 팔로
알밤을 얻어먹은 머리통으로
들이받아라!
쥐어질러라!
까라!
까라!
까라!
그리고 웃어라!
운동장이 떠나가게
허허허……
하하하……
손을 잡고
허허허……
하하하……
우리들은 자란다.

쉬는 시간에
키가
어깨가
목소리가
마음이
함부로 쑤욱쑤욱
제멋대로 쑤욱쑥
하늘로
하늘로
올라간다.

　이 시는 아이들이 즐겁고 신나게 뛰어노는 느낌에 어린이나 어른 누가 읽어도 가슴이 탁 트일 만하다. 그리고 '쉬는 시간에 운동장에 나가서 마음껏 뛰어노는 아이들 생활을 시로 담아냈구나, 아이들이 수업 시간에 받은 억압에서 벗어나 마음껏 자라나기를 바라는 교사의 마음이구나, 아이들한테 이렇게 마음껏 뛰어놀 수 있는 시간을 마련해 주어야겠구나' 생각하게 될 것이다. 이런 시를 읽고 어떻게 '계층 간 적개심과 투쟁 의식을 고취' 하는 시라고 생각할 수 있을까?
　이 시를 두고, 자기는 교실에서 민주주의에 따라 가르치는데 옆 반 선생은 아이들을 벌주고 억압한다고 비판하는 것이라는 지적도 있는데, 이 또한 옳지 않다. 산골 초등학교 분교장에서 신혼 생활을 하고 있을 때인데, 그곳에는 이오덕과 부인 두 사람만 교사로 있었다. 부부 교사가 두메산골에 가서 한 사람은 1학년을 가르치고 한 사람은 2, 3학년을 가르치는데 무슨 옆 반 교사와 자기를 견주고, 더구나 억압하는 교사들에 맞서 계급 의식을 갖고 싸우기를 바라는 시를 쓸 수 있겠는가.

　이 시에 나오는 벌 받는 아이들은 당시 여느 학교 교실에서 볼 수 있던 모습이고, 이오덕의 자기반성에 가깝다. 소재로 쓰인 '쉬는 시간에 나무토막이나 깡통이나 돌멩이를 공 대신 신나게 차고 까고 하던 놀이'는 그 시대에 어린 시절을 보냈던 많은 남자 아이들이 생생하게 기억하고 있는 즐거운 놀이 가운데 하나다.

　이오덕이나 권정생에 대해서는 공안 기관에서 몇 차례 조사를 했는데, 그동안 쓴 두 사람 책을 걷어다가 조사하는 선에서 멈추었다. 공안 기관원들이 보기에도 이런 작품으로 좌경 용공 관련 사건을 조작하기는 무리였을 것이다.

　정원식이 〈경향신문〉 기자와 실제로 전화나 면담 인터뷰를 하면서 이 작품이 어린이들한테 희망을 주는 것이 아니라 지나치게 갈등을 불러일으킨다며 배격해야 한다고 했는지는 알 수 없다. 그러나 정말 그런 말을 했다면 작품 전문을 읽지 않은 상태에서 한 말이라고 볼 수 있다. 정원식은 어린이문학가는 아니지만 우리 나라에 새교육, 미국식 민주 교육을 퍼뜨리는 데 앞장선 교육학자인데 그 정도로 판단력이 없다고 보기는 어렵기 때문이다.

　이렇게 어린이문학에 문외한인 정보기관이나 당시 문교부 담당자들도 직접 전문을 조사하는 과정에서 좌경 의식화 작품으로 몰기는 어렵다고 판단한 것인데도 일부 어린이문학인들은 어떻게든 그 이념론에 불씨를 더 지피려고 하였다.

　〈월간 문학〉 1986년 3월 호에서 '오늘의 아동문학 그 방향과 문제'라는 제목으로 이야기를 나누고 첫머리에 실었는데, 유경환(언론인, 동시 작가), 김종상(교사, 어린이문학가), 송명호(어린이문학가)가 토론자로 참석하였다. 사회자는 최근 어린이문학이 사회에서 갖는 기능에 대한 논의가 민중 문학 논의와 함께 시작된 것으로 안다면서 "아동문학의 사회적 기능에 대한 주목이 아동문학계의 일각에서 있어 오기 시작한 것은 70년대부터라고 생각되는데, 밝고 맑게 키워야 할 어린이의 의식에 민중 문학 논리의 계급 의식이라 할까, 삶의 현장성 문제가 침투되면서 무서운 아이로 만들어지는 것을 걱정한 나머지 본 정담을 계획케 된 것"이라고 그 뜻을 밝히고 있다.

어린이문학의 사회 기능을 1970년대부터 주목하기 시작했다고 하는 것 자체가 어린이문학과 우리 나라 어린이문학사에 대한 무지를 드러내는 말이다. 서양에서는 어린이문학이 싹트던 때부터 그 사회 기능에 대한 논쟁이 있어 왔고, 폴 아자르는 어린이문학이 민족성에 끼치는 영향을 비롯한 어린이문학의 사회 기능을 중요하게 여겼다. 우리 나라 또한 어린이문학 태동기인 1920년대부터 논쟁이 계속돼 왔다. 우리 나라 현대 어린이문학의 문을 연 방정환도 어린이문학의 사회 기능을 중요하게 보았다. 이렇듯 동서양 어린이문학사에서 이어져 온 논쟁을 무시하고 1970년대부터 시작되었다고 하는 까닭은, 1975년 이오덕이 어린이문학 비평에 나섰고 그때를 곧 어린이문학계에서 갈등이 시작되는 시점으로 보고 있기 때문이다.

이 좌담 기사는 처음부터 끝까지 왜곡된 생각을 바탕으로 진행되고 있다. 유경환은 "아동문학인 상당수가 교단 문인이기 때문에 늘 보고, 듣고, 생각하는 것이 어린이들의 생활 범주를 크게 벗어나지 못하는 제한성에 머물러 있는 경우가 적잖이 있다" 하였는데, 이는 초등학교 교사면서 어린이문학을 하는 사람들은 시야가 좁아 크게 보지 못한다고 깎아내리는 발언이다. 그 대상은 곧 이오덕이었다. 그 자리에 있던 김종상도 당시 초등학교 교사였는데, 초등학교 교사가 바로 앞에 있는데도 이렇게 논리에 어긋나고 오만한 말이 받아들여

졌던 것은 공격 대상이 이오덕이라는 데 참석자 모두가 속으로 동의하고 있었기 때문이다.

김종상은 "아동문학이 고유의 문학적 기능 외에도 어린이들을 참다운 인간으로 키워 주는 감화 교육의 도구로서도 제 위치를 더욱 확고하게 굳혀 나가야 한다"는 정도로 에둘러 이오덕 문학론을 감싸고 있다. 송명호는 이제 "아동문학이란 무엇인가?라는 근본 문제에서 출발해야 한다"고 하면서 한국 어린이문학에서 크게 지적해야 할 문제가 세 가지 있는데 그 가운데 하나가 "리얼리즘을 표방한 자유의 문제, 도시 악에 대한 문제, 빈부의 차에 대한 문제 등 사실주의 일면에 의거한 계급주의 아동문학이 머리를 들고 횡행하고 있는 것"이라고 적극 비판하였다.

송명호는 이오덕을 '리얼리즘 작가'가 아니라 '리얼리즘을 표방한 작가'라고 보고 있는 것 같다. 또 이오덕이 도시 아이들과 도시 문명의 문제를 지적하고, 도시 문명과 문화가 농촌 아이들과 자연을 해치고 있다고 비판하는 것을 '도시 악에 대한 폭로성 글쓰기'로만 받아들이고 있는 것 같다. 송명호는 "오히려 적극적인 자세로 어린이들이 도시의 새 주인공이 되고 꿈이 있는 도시를 만들어 가는 힘을 인도할 수 있다면 도와주어야 하지 않을까요. 산업 시대 속에서 도시 악을 단순히 폭로하는 것보다도 꿈이 있는 새 도시를 만들어 가는 데 어린이들로 하여금 개척하게 해야 하는 것입니다. 단순히 어린이들이 도시를 혐오하고 시골을 지향케 하는 것은 회상극이나 감성적인 인간상, 더 나아가서는 패배주의를 미화하는 결과를 낳을 수 있습니다. 동심의 위대성을 그려 어린이로 하여금 새로 태어나는 도시의 예언자가 되도록 하여야 할 것"이라고 주장하였다.

이런 주장으로만 보면 어떤 면에서는 타당한 점이 있다. 우리 인류가 도시를 만들었고, 근대 이후 도시화는 아주 빠르게 퍼져 가고 있다. 도시화가 안고 있는 비인간화, 소비 문화, 물질 쾌락 문화 같은 근본 문제를 해결하지 않으면 인류는 결국 종말을 맞게 될 것이다. 이제는 어느 한두 문명이나 지역, 인류라는 종의 종말을 넘어서 지구촌 생명체 모두 함께 종말을 맞이할 수도 있는 것이다. 그렇다고 하더라도 종말을 향해 달려가는 것을 그냥 보고만 있어서는 안 된다. 지금 지구촌 곳곳에서는 도시 중심의 물질 소비 문화를 넉넉한 삶으로 보고 더 부추기려는 사람들과, 인간성 파괴와 인류 종말로 보고 달리기를 멈추거나 대안을 찾을 때까지 늦추려는 사람들 사이에 크고 작은 다툼이 일어나고 있다.

따라서 인류를 종말로 이끌고 있는 현재의 도시 악을 없애 지금과 다른 새로운 도시를 만들고, 어린이들을 그런 도시를 만들 수 있는 예언자로 키우고 싶다는 송명호의 의견에 어느 정도 동의할 수 있다. 그러나 그렇게 하기 위해서라도 먼저 도시 문명과 도시 문화, 자연을 해치는 인조 문화에 대한 문제를 분명하게 찾아서 보여 주는 일을 정직하게 해야 할 것이다. 그런 정직한 글을 통해 도시 문제를 풀거나 이겨 낼 수 있는 꿈을 길러 줄 수 있을 것이다.

송명호는 "근대 문학(소설)의 대표자 격인 '발자크' '스땅달' '프로베르' '도스도예프스키' '톨스토이' '투르게네프' 등이 모두 사실주의에 입각한 작가들임을 보듯이 근대 문학에서 특히 소설은 사실주의 문학이 주조임은 상식입니다. (줄임) 그런데 80년대 한국 아동문학에서 사실주의 내지 현실주의에서도 이런 사실주의 원형을 적용시켜야 합니다" 하고 주장하였다. 그리고 사실주의 원형이란 정치성을 띠는 목적의식이나 주관 관념 없이 자기 나름의 인간관으로 그리는 것이라고 덧붙인다.

인간관이란 그 자체가 정치 이념이나 자기 생각에 바탕을 두고 있는 말이다. 그런데 사실주의 원형을 따르는 작가들은 그런 것이 없는 인간관으로 문학 작품을 썼다고 한다. 앞뒤가 맞지 않는 논리다. 송명호가 사실주의 원형의 본보기로 든 작가들 가운데 당시 정치 이념 논쟁에서 자유로울 수 있었던 작가는 없다. 작가는 자기가 원하든 원하지 않든, 의도하든 의도하지 않든 글쓰기라는 행위를 하는 순간 이미 정치성에서 자유로울 수 없는 것이다.

이 좌담에서 중심 줄기가 되는 주장, 곧 문학에서는 정치성을 배제해야 하고 어린이문학은 순수 문학이어야 한다는 것 자체도 이미 정치성을 담고 있다. 더구나 이 좌담의 주요 흐름은 반공 이념 가운데서도 더할 수 없을 만큼 왜곡된 매카시즘에 치우쳐 있다. 송명호는 "지금까지의 한국 아동문학에도 사실주의 경향이 없었던 것은 아닙니다. 그러나 그것은 사실주의 일면에 있는 계급주의 아동문학에 지나지 않았습니다. '아동문학을 통해 현실을 그리자' '현실 속의 어린이 생활을 그리자' 하는 따위 표어 아래 나타난 아동문학은 소위 프로 문학(카프 문학)의 아동관에 지나지 않습니다" 하였다.

송명호는 이원수와 그 뒤를 잇는 이오덕 문학론을 '사실주의 일면에 있는 계급주의'라고 단정한다. 더 나아가 "그들은 작품을 통해 민족 내부에 적의에 찬 투쟁을 전개하였지요. 이 투쟁 속에 좌익 아동문학자들은 진보적 민족주의란 구호를 내걸고 어린이를 정치적으로 조직하려고" 하였다고 단정한다. 곧 해방 정국 어린이문학이 진보 민주주의나 진보 민족주의를 내걸었지만 실제로는 1930년대 좌익 문예 운동이었던 카프와 같은 성격을 가진 계급주의 문학으로써 어린이들을 정치 세력으로 조직하려 했다는 것이다.

그러나 해방 정국에서 진보 민족주의를 내건 작가들이 누구였고,

그런 작품이 어떤 것인가에 대해서는 한마디도 말이 없다. 어린이들을 조직하려고 했다는 근거 또한 한 가지 보기도 듣지 않았다. 그동안 직접 연관이 있었던 어린이문학가들은 이러한 공격이 이원수, 이오덕, 권정생을 겨냥한 것임을 알 수 있었다. 그러나 작가나 작품을 직접 말하지 않고 상황 논리로 에둘러 짐작하게 하는 비판은 당당하지 못하고 새로운 무언가를 만들어 낼 수 없다.

이처럼 일부 어린이문학가들이 그릇된 역사와 이치에 맞지 않는 논리로 이오덕을 공격했다. 어린이문학가들한테 작가 정신과 양심을 촉구하려고 쓴 '표절 동시론'이나 '모작 동시론' 같은 비평들에 직접 반론을 펴는 대신 오히려 이념 문제로 왜곡했다. 1985년 공안 정국 흐름을 알아차린 일부 어린이문학인들이 이오덕한테 받았던 타격을 갚아 줄 반격 기회라고 생각했던 것 같다.

그러나 그이들이 기대했던 것과 달리 좌경 용공성 어린이문학에 대한 기사를 주요 4대 신문에서는 다루지 않았고 마침내 정부 기관에서도 손을 떼면서, '어린이문학인 간첩단' 같은 어마어마한 사건으로 번지는 정치 효과는 나타나지 않았다. 그래도 그이들은 어떻게 하든 논쟁의 불씨를 다시 지피려 했고, '참과 거짓'이라는 문학의 본질과 당위성이 아니라 '좌와 우'라는 정치 이념에 따른 갈등으로 초점을 바꿔 보려고 했다. 그러나 매카시즘에 따른 무리한 왜곡에 반론이 생겨났고, 거기에 대처할 수가 없었던 것이다.

이러한 반론은 〈말〉 3월 호와 〈광장〉 5월 호에도 실린다. 〈말〉에서는, '한국도서잡지 주간신문 윤리위원회'가 정부 검열 기구가 아닌 민간 자율이라고 하면서도 한 출판물에 '불건전' 낙인을 찍을 수 있는 것부터가 의심스러운데, 더구나 강력한 행정 조치까지 하겠다고 하니 단순한 민간 자율 차원의 기구가 아니라는 느낌이 든다고 비판하였다. 그리고 앞으로 출판과 창작의 자유에 대한 억압이 노골화되리라고 짐작하면서, "더욱 경악스러운 것은, 이들의 '불건전' 낙인이 합리적이거나 공개적인 심의 과정이 아니라 마치 세일럼 마녀재판의 광경을 연상케 하는 '너는 마녀다!' 식의 지목에 지나지 않는다는 사실"⁵이라고, 심의 기구 자체와 방법과 내용이 안고 있는 문제를 지적하였다. 그리고 만일 윤리위원회에서 지적한 작품 전문을 읽어 본 독자라면 그 심의가 얼마나 공정하지 못하고 악의에 찬 조작 검열인가 쉽게 느낄 수 있을 것이라고 하였다.

또 "확실히 윤리위 측이 인용한 부분 예문만 읽는다면 얼핏 '아동문학에 그러한 내용을 담다니' 하고 분개할 수도 있겠다. 그러나 장님에게 코끼리 엉덩짝에 코를 대게 한 후 '코끼리는 무척 구린내만 나는 짐승이구나' 하고 인식시키는 것은 명백히 오류를 조작하는 파렴치한 행동이 아닐 수 없다"⁶고 하였다.

이러한 파렴치한 일을 벌인 까닭은 작품 자체를 문제로 여겨서가 아니라 민중 예술에 대한 화살을 어린이문학으로 돌렸기 때문이다. 민중 예술을 탄압해야 하는데 작품을 직접 감상하는 어른들한테는 먹히지도 않을뿐더러 자칫하면 정당성만 더 두드러지게 할 수 있기 때문에 어린이문학을 사례로 들어서 탄압하려고 했던 것이다. 어린이문학 독자는 어린이니까 어린이가 위협받고 있다고 선전하면 일반인들은 경계심 먼저 갖기 십상이다. 그리고 어린이문학은 부모를 비롯한 어른들이 보지 않으니까 어떤 작품에 문제가 있다고 할 때 쉽게 받아들일 거라고 생각했을 것이다. 그러나 당시에는 어린이문학 작

---

5. 〈말〉1986년 3월 호, 98쪽
6. 같은 책, 같은 쪽

가가 아니더라도 교사와 학부모 같은 어른들 가운데 어린이문학 작품을 읽는 독자층이 어느 정도 마련되어 있었기 때문에, 몇몇 신문에 겨우 일단 기사로 실렸는데도 발 빠른 사실 조사와 반론으로 강하게 대응할 수 있었다.

〈광장〉 5월 호에서는 송현이 〈연합통신〉 기사와 〈월간 문학〉에 실렸던 좌담 내용을 비판하였다. "한때 이 나라 초등학교에까지 '때려잡자! 김일성' '미친개는 몽둥이로 때려잡자' 라는 구호를 크게 써 붙였던 적이 있다. 이것이 투쟁, 대립 의식을 고취한 것이 아니고 협조, 화해, 사랑을 고취하는 교육일까?"[7] 하면서 '까라' 와 '때려잡자' 중에서 어린이들 인성을 생각할 때 어떤 것이 더 걱정스러운지 묻고 있다. 전국 어린이들한테 '때려잡자' 고 가르친 것은 문제가 안 되고, 이백 편이 넘는 작품 가운데 한 작품에 아이들 노는 모습을 '까라' 로 표현한 것은 문제가 된다니 참 이상한 논리라는 것이다.

송현이 쓴 글에 대해 이재철은 〈서울신문〉 논설에서 '오염된 작가 의식' 이라고 비판한다. 문학가가 어떤 문제에, 어떤 계층에 관심을 가지든 그것은 근원적인 창작의 자유라면서, 진실한 작가라면 소외된 계층과 그늘에 가려진 어린이한테 관심을 가지는 것은 당연한 일이라고 하였다. 이렇게 첫머리를 떼고서는 곧이어 "그런데 오늘날 우리 사회 일각에서는 밝은 면을 지향하며 어린이에게 꿈과 사랑을 주려는 작품 세계를 동심천사주의로 몰아붙이고 어두운 면을 들춰내려는, 농어촌 어린이를 소재로 한 현실고발주의 문학을 두둔하려는 요소가 점점 퍼지고 있다. (줄임) 어쩌자고 어린이 가슴에 빈부의 계층

---

7. 송현, '동심의 글밭을 짓밟는 어른들의 횡포', 〈광장〉 1986년 5월 호, 152쪽

차이에 의한 증오의 칼날을 갈게 하고 평화적인 방법이 아닌 폭력 수단으로 사회를 개조하려는 의지를 은근히 심어 주어야 한단 말인가"[8] 하고 비판하였다.

어린이문학을 전혀 모르는 사람이라면 이렇게 말할 수도 있겠다. 그러나 이재철은 어린이문학을 전공한 학자다. 또 한국아동문학가협회 이사였다. 협회 편집 간사를 맡아서 '표절 동시론'을 발표했던 잡지 편집을 이끌기도 했고, 《한국 현대 아동문학사》를 쓰기도 했다. 그런데 한때 자기가 발표를 도왔던 평론들을 '밝은 면을 지향하는 작품을 동심천사주의로 몰아붙이는 잘못된 평론'이라고 비판하고 있다. 당시 한국아동문학가협회에서 동심천사주의라고 비판한 것들은 도시 소비 문화와 물질 욕망을 담았거나 어린 독자의 심리를 퇴행시킬 수 있는 작품들이었는데도 이렇게 단순화하면서 왜곡하고 있다.

그리고 '일부러 어두운 면을 들춰내려고 농어촌 어린이를 소재로 한 현실고발주의 문학'이라고 하였는데, 어두운 면을 들춰내려고 한 것이 아니라 농어촌 어린이들이 살아가는 현실을 보면서 그 삶을 진실하게 표현하다 보니 어두운 면도 담게 되는 것인데 앞뒤를 뒤집고 있다.

또 '빈부 격차를 보여 주면서 계층 간에 증오의 칼날을 갈게 하고, 폭력 수단으로 사회를 개조하려는 의지를 심어 주려고 한다'는 지적도 지나친 왜곡이라고 할 수 있다. 증오와 폭력을 강조하는 내용은 그이가 현실고발주의라고 지적하는 작품보다 오히려 반공 아동문학이나 명랑 동화 들에서 더 자주 나타난다. 반공 동화는 대부분 폭력

---

8. 이재철, '오염된 작가 의식', 〈서울신문〉 1986년 5월 16일

성을 띠고, 명랑 동화라는 이름으로 나왔던 작품들 또한 주인공들 빈부 격차를 극단으로 드러내고, 부잣집 아이들이 가난한 아이들을 핍박하고 가난한 아이들이 부잣집 아이들을 동경하며 그이들에게 노예처럼 굴종하는 생활을 덮어놓고 보여 주면서 오히려 이런 것들을 부추기고 있다.

 1986년 〈연합통신〉 보도 자료에서 시작한 어린이문학 좌경 용공 논쟁은 '문학이란 무엇인가?' '문학은 어떠해야 하는가?' 와 마찬가지로 문학이 존재하는 이상 여러 가지 형태로 계속될 수밖에 없는 논쟁이다. 다만 이때 이념 논쟁이 새로운 무언가로 이어지지 못했던 것은, 이오덕 비평으로 피해를 당했다고 생각하거나 반공주의 문학에 편승해 있던 일부 어린이문학인들이 도덕에서 벗어난 공안 정권의 정치 공격을 어느 정도 도와서 생겨난 마녀사냥식 비난이었기 때문이다.

 일반 상식으로도 이해하기 어려운 이러한 비난성 비판은 1990년대 초까지 이어졌다. 이러한 반공주의가 한국 어린이문학에 끼친 영향을 선안나는 박사 논문에서 '비판력의 억제와 이로 인한 비평 담론의 미숙성' 이라고 지적하였다. 이 말처럼 1950년대 뒤로 쉰 해 가깝게 이어져 온 반공주의와 반공 아동문학은 우리 어린이문학 발전을 가로막았을 뿐 결코 도움이 되지 않았다.

'사회주의' '현실주의' 를 넘어서

 지금까지 살펴보았듯 어린이문학계에서 일어났던 이념 논쟁은 건전하지 못한 논쟁이었다. 상대방이 갖고 있는 이념이 있는지, 있다면 어떤 것인지, 그러한 이념이 어떤 글이나 작품에 구체로 나타나고 있는지 분석해서 논쟁을 했다면 어린이문학 발전에 이바지하였을 것이다. 그러나 먼저 상대방 이념은 이런 것이라고 무조건 규정한 다음, 거기 맞는 작품을 찾아서 꿰맞추려고 했고, 그것도 전편을 깊이 있게 분석하기보다는 문제가 될 만한 구절만 뽑아서 전체 맥락을 무시한 채 자기 주장의 근거로 내세웠다. 이런 방식은 문제를 왜곡했을 뿐 아니라 당사자들 사이에 감정의 골만 깊어지게 만들었다.

어떤 사건이든 가치가 아주 없지는 않다. 가치가 있느냐 없느냐는 그 사건 자체보다는 사건의 결과로 나타난 뒷날 역사에서 결정된다. 그런 관점에서 본다면 옳지 않은 동기와 방법으로 펼쳐진 좌경 용공 이념 논쟁도 그 뒤 어린이문학계 발전에 도움이 되었다. 일반 문인들 가운데서 어린이문학에 관심을 갖는 문인들이 생겨나고 어린이문학의 존재와 중요성을 알기 시작한 것이다. 그리고 1930년대 카프 문학과 해방 정국에서 어린이문학이 어떤 자리에서 어떤 몫을 했는지 연구하는 젊은 연구자들이 생겼다. 어린이문학사와 비평을 연구하는 사람들이 없다시피 했던 어린이문학계로서는 매우 다행이라고 할 수 있다.

젊은 연구자들은 이오덕, 권정생, 이현주 작품이 1930년대 카프 문학처럼 계급주의 의식을 북돋우는 좌경 용공 문학이라는 비판에 자극받아 1930년대 어린이문학사와 작품을 연구하게 된다. 그 결과 뜻하지 않게 1930년대부터 1950년대까지 활동했던 이태준, 현덕, 백석, 윤복진, 남대우 같은 작가들이 쓴 뛰어난 어린이문학 작품들을 찾아냈다. 곧 좌우 이념 대립과 남북 분단에 묻혀 있던 어린이문학사를 연구하여 돌려놓는 계기가 되었고, 좌익이었거나 좌익으로 몰려 학살당하면서 묻혀 버렸던 좋은 작품을 찾아내는 성과가 있었다.

그러나 이들 작품을 빼놓고 당시 발표된 대다수 카프 계열 어린이문학 작품에 대해서 원종찬은, 진정한 리얼리즘을 성취하는 데 미치지 못하였고 이는 어린이 삶에 대한 탐구가 모자란 탓이라고 비판하였다.[9] 이재복도 계급주의 어린이문학가들은 어린이들이 있는 자리로 내려가 어린이들 삶에 귀 기울이는 마음 높이를 갖지 못하였다고 비판하였다.[10]

원종찬은 이원수가 카프에 가담하지 않았고, 서민 아동의 현실을 담아내면서도 카프의 계급주의 어린이문학이 보여 준 관념성을 거의 드러내지 않았다고 선을 긋고,[11] 카프 구성원이면서 월북한 현덕 또한 작품의 예술성 때문에 정작 카프 문학계에서 경원당했다는 신경림의 말을 다시 인용하고 있다.[12]

이렇게 일부 어린이문학인들이 좌경 용공이나 계급주의 문학이라고 욕하던 이원수, 이오덕, 권정생, 이현주 문학을 카프 어린이문학에 견준 결과, 두 쪽 사이에 일정한 거리가 있다는 것이 밝혀지게 되었다. 이들 문학 작품들은 도시 서민과 농어촌 어린이들이 주인공인 경우가 많고, 그이들 삶의 현실을 담아내면서 위로와 희망을 주는 작품을 지향한다는 점에서 리얼리즘과 맞닿아 있다. 그러나 사회주의 리얼리즘이나 좌파 계급주의처럼 계급 투쟁 의식을 북돋우는 작품으로 볼 수 없기 때문에 분명히 다르다는 선을 긋는다. 그러한 고민 끝에 이들 어린이문학을 '현실주의'라고 부르게 된다. 원종찬은《아동문학과 비평 정신》에서 이원수의 현실주의 작가 정신을 이어받자[13]

---

9. 원종찬(2001),《아동문학과 비평 정신》, 창작과비평사, 383쪽
10. 이재복(2004),《우리 동화 이야기》, 우리교육, 171쪽
11. 원종찬(2001), 앞 책, 121쪽
12. 같은 책, 111쪽
13. 같은 책, 138쪽

고 하고, "이오덕은 이원수와 따로 떼어서 생각할 수 없다. 이는 비단 그가 이원수의 다음 시기에 이원수를 대신한 이론의 계승자임을 말하는 것뿐 아니라, 그의 비평 활동으로 이원수 아동문학의 본질이 온전히 밝혀지고 또 그것이 우리 아동문학의 줄기로 자리 잡게 되었다는 사실을 함께 지적하는 것"[14]이라면서, 이원수는 현실주의 어린이문학론의 바탕을 마련한 사람, 이오덕은 그 뒤를 이어 현실주의 어린이문학론을 발전시킨 사람이라고 하였다.

이렇게 해서 이오덕 계열 문학을 현실주의 어린이문학이라고 말하기 시작하였지만 정작 이오덕은 이 말에 거부감을 갖는다. 어린이문학 작품을 쓰는 작가라면 어떤 '주의'를 가졌든, 어떤 경향의 작품을 쓰든 모두 어린이 삶과 현실을 생각하는 게 당연한데 어떤 특정한 작가들, 곧 이오덕 자신의 문학론을 '현실주의'로 규정하고, 자기를 따르는 작가들을 묶어서 따로 '현실주의' 작가나 작품으로 일컫다니 이상하다는 것이다.[15]

이오덕은 리얼리즘에 바탕을 둔 어린이문학의 현실성을 추구한다. 그러나 그의 작품이나 문학론을 어떤 '주의'로 정의하기는 어렵다. 어린이가 살아가는 현실을 관심 있게 보고, 그것을 올바르게 받아들여 문학에 반영해야 한다는 점에서는 현실주의로 규정할 수 있으나, 어린이 삶을 가꾸고 지킬 수 있다면 그 어떤 형식의 문학이든 추구해야 한다고 강하게 주장하기 때문이다. 이오덕은 문학 이념이나 갈래나 형식이 아니라, 작품이 어린이가 현실을 살아가는 데 참된 도움이 되는지 아닌지를 가장 중요하게 여겼다. 그런 뜻에서 이오

---

14. 같은 책, 161쪽
15. 이오덕(2002), 《문학의 길 교육의 길》, 소년한길, 212쪽

덕의 문학론을 정의한다면 '어린이들 현실을 올바르게 보고, 그 삶을 가꾸는 문학'이 가장 가깝겠다.

이오덕 어린이문학론을 비판하는 쪽에서는 그것을 사회주의 리얼리즘이라고 하였고, 지지하는 쪽에서는 현실주의라고 하였다. 리얼리즘에 가장 충실하지만 그렇다고 리얼리즘으로 규정하기 어려운 것은, 이오덕이 판타지도 리얼리즘의 한 유형이라고 보고 있는 데다 계몽주의, 낭만주의, 근본주의 요소도 가지고 있기 때문이다. 이렇게 서로 맞서는 듯한 '주의'들이 섞여서 나타나는 이오덕 어린이문학론을 굳이 한마디로 표현해야 한다면 이오덕이 즐겨 쓰던 '참된 문학' '참문학'이라는 말이 가장 알맞을 것이다.

이는 이오덕이 교육 현실을 거짓 교육과 참교육으로 나누고, 우리 교육이 가야 할 길로 '참교육'을 내세운 것과 같은 맥락이다. 이오덕은 문학 또한 거짓 문학과 참문학으로 나누어 생각하며, '참문학'을 우리 문학이 가야 할 길로 내세웠던 것이다. 좌우 이념이나 그동안 문학사에 나타났던 수많은 '주의'나 '장르'를 넘어서 문학의 본질을 찾자는 것이다. 이를 바탕으로 우리 어린이들을 위해 어린이문학이 책임져야 할 몫을 참되게 알기를 끊임없이 촉구하였다.

4. 어린이문학의 진정성

이오덕 계열 내부 분열과 '일하는 아이들' 논쟁

이오덕이 어린이문학가들에게 문학의 '진정성'을 지키자고 하는 것은 '문학 정신'이나 '작가 정신'과 관계가 깊다. 어떤 주의나 시점을 잣대로 따질 수 있는 성질이 아니다. 곧 이오덕의 어린이문학론은 2000년 '이전'에나 '이후'에나 변함없이 가치가 있다.

이오덕은 어린이문학 작가에게 끊임없이 자기 마음을 돌아보고 진실을 따르자고 촉구한다. 이오덕의 비평은 문학가한테만 들어맞는 것이 아니다. 교육자한테는 교육자로서 가져야 할 올바른 정신과 태도를 강조하고, 경제인한테는 경제인으로서 갖추어야 할 올바른 경제관을, 언론인한테는 언론인으로서 갖추어야 할 올바른 언론관을 요구하고 있는 것이다. 이러한 관점에서 문학가가 참된 문학 정신을 지키면서 치열한 작가 정신으로 작품을 써야 한다고 하는 것은 너무나 당연하다.

이오덕은 동시 작법론에 대한 논쟁을 통해 어린이문학이 자기만의 문학 갈래로 독립하는 데 이바지했다. 표절, 모작에 대해 비판하는 과정에서 당시 어린이문학인들이 작품의 독창성이란 무엇인가 고민하게 만들었다. 좌경 동시론 논쟁은 어린이문학 바깥 사람들이 어린이문학에 관심을 가지면서 어린이문학사와 작품을 연구하도록 북돋웠고, 이오덕 문학론이 어린이문학계에서 안팎으로 성장하는 데 도움을 주었다.

그런데 이번에는 이오덕 계열 안에서 논쟁이 일어나 자체 분열을 맞이하게 된다. 이오덕을 지지하는 어린이문학 비평가와 작가들이 늘어난 데다 어느 정도 민주화가 이루어져 정치 탄압을 받지 않게 되었기 때문이다. 정치와 사회 민주화를 거치면서 대부분 민주 진영에 내분이 일어난 것과 비슷한 현상이라고 할 수 있다. 이처럼 2000년대 전후에 일어난 논쟁은 그때까지 있어 온 논쟁과는 원인이나 과정이 전혀 다른 모습을 보인다. 이오덕 어린이문학론 전반에 대해서는 지지하지만 비평 개념에 다른 의견을 내놓거나 정의를 달리하거나 구체 작품을 놓고 찬반 토론을 활발하게 벌인 것이다.

이오덕 계열의 내부 분열은 김이구와 원종찬이 이오덕 문학론을 비판하는 평론을 내놓고 그에 따라 논쟁이 펼쳐지면서 시작된다. 당시 김이구는 창작과비평사에서 〈창비 아동문고〉를 맡아 진행하고 있었다. 이오덕은 계간 〈창작과 비평〉을 통해 어린이문학 논객으로 세상에 나왔고, 백낙청이 대표로 있던 시절, 국내 어린이문학 창작 작품 출판을 위해 〈창비 아동문고〉를 시작할 때 직접 기획하기도 하였다. 그리고 원종찬은 이오덕 지도 아래 이원수 공부를 시작하면서 어린이문학 연구에 두각을 드러낸 젊은 비평가들의 선두 주자다. 한국글쓰기교육연구회 회원이면서 인천 회원을 중심으로 겨레아동문학회를 만들어 활동하면서, 이오덕 뒤를 이어 〈창비 아동문고〉 기획에 참여하고 있었다.

원종찬은 1980년대 후기부터 이오덕 계열 어린이문학 비평가로 성장하면서 현덕과 윤복진에 대한 것을 비롯해 중요한 자료를 꽤 많이 찾아내고 정리해 믿음을 얻었고, 이오덕 문학론을 이어받아 발전시킬 후계자로 인정받고 있었다. 그런 이가 1990년대 말부터 작품에 대한 평가에서 이오덕과 맞서고, 2000년대 들어서면서 이오덕 어린이문학론의 핵심 개념을 비판하기 시작하였다. 이오덕이 주장한 주요 개념, 특히 '유희정신'이 '이전 세대'에는 효용성이 있었지만 '이후 세대'를 핍박하고 있다는 주장[1]이 논쟁의 핵심을 이룬다.

이오덕 계열이 분열하게 된 배경에는 정치와 사회 민주화, 신자유주의 시장 구조와 교육 구조 변화에 따른 어린이책 출판 시장의 재편, 문학의 사회 기능과 구실에 대한 관점 차이 같은 것들이 자리해 있다. 하지만 실제로는 이오덕 계열로 묶을 수 있는 어린이문학 작가와 비평가 들이 파가 나뉠 수 있을 만큼 수가 많아졌고, 자기 정체성을 드러낼 수 있을 만큼 성장했다는 점이 가장 큰 요인이다. 곧 내부 논쟁과 이에 따른 분열 자체가 이오덕 계열이 그만큼 질과 양에서 성장했다고 긍정할 만한 모습이기도 한 것이다.

김이구는 1998년 〈아침 햇살〉에 특별 기고한 글[2]에서, 1977년 펴낸 《시정신과 유희정신》이 한국 어린이문학의 물줄기를 크게 틀어 옮겨 놓은 계기가 되었다고 하였다. 나아가 이때 이오덕이 이미 널리 퍼져 있던 '동심천사주의' 어린이문학을 부정하고 '일하는 아이들'을 발견하였다고 했다. 그러나 '일하는 아이들'은 1970년대에는 유

---

1. 원종찬, '일하는 아이들과 유희정신을 넘어서', 〈창비 어린이〉 2003년 여름 호 참조
2. 김이구, '아동문학을 보는 시각—일하는 아이들 이후의 길', 〈아침 햇살〉 1998년 가을 호

효했지만 1990년대에 와서는 유효성이 사라졌다고 비판하였다.

김이구는 이오덕이 "현실의 일하는 아이들만이 진정한 아동"[3]이라고 규정했다면서 당시는 '현실의 아이'가 '일하는 아이'였지만 "'일하는 아이들'은 이제 더 이상 현실의 아이들이 아닌지 모른다. 아니, 우리 모두 더 이상 현실의 아이들이 '일하는 아이들'이라고 인정하지 않는지도 모른다"[4]는 의견을 조심스럽게 내놓는다.

그리고 이러한 변화는 "6월 항쟁과 90년 전후의 사회주의의 몰락이 배경이자 원인으로 작용"하며, "고도 경제 성장과 자본주의 세계 체제의 (일시적) 승리가 가져다준 생활상의 변화가 강제한 점"[5]이 있다고 하였다. 그렇게 해서 1990년대 말에 와서는 더 이상 '일하는 아이들'이 존재하지 않게 되었기 때문에 어린이문학이 '일하지 않는 아이들'이 살아가는 현실을 그려 내도록 방향을 바꾸어야 한다는 것이다.

이오덕은 김이구의 비평을 세 해가 지나서야 읽게 된다. 2001년 한국글쓰기교육연구회 여름 연수회 때 모둠 토론 한 기록을 회보(2001년 9월 호)에 실었는데, 그 기록 가운데 정광호(낮은산 출판사 사장)가 이렇게 말한 내용이 있었다. "'일하는 아이들'이 나올 당시 이오덕 선생님의 방향은 기치를 올리고 있었다. 그러나 뒤로 갈수록 이오덕 선생님의 방향은 교조화되고, 그를 따르는 이들의 작품이 속류사회학주의로 흐른 것이 많지 않았나 싶다."[6]

이 글을 읽은 이오덕은 정광호에게 몇 가지 질문하는 편지를 보낸

---

3. 같은 글, 85쪽
4. 같은 글, 88쪽
5. 같은 글, 같은 쪽
6. 이오덕(2002), 《문학의 길 교육의 길》, 한길사, 14쪽

다. 어떤 일을 '교조화'라고 보는지, 나를 따르는 이들이 속류사회학주의로 많이 흘렀다고 하는데 어떤 작가의 어떤 작품을 그렇게 생각하는지, '일하는 아이들'이 올렸다는 그 가치가 어떤 것이라고 보는지에 대한 것이다. 정광호는 답장에서, 그날 모둠 토론 주제가 '아동문학과 비평 정신'이었고, 이 주제와 같은 제목으로 책을 낸 원종찬한테 질문하고 답변 받는 형식으로 진행되었다고 하였다. 그때 자신이 김이구가 〈아침 햇살〉에 발표한 글을 인용하면서 '김이구는 이렇게 생각하는데 원종찬은 어떻게 생각하는가?' 질문했는데, 그 답변 과정에서 나온 이야기라는 것이다. 정광호는 김이구가 발표한 글을 복사해서 함께 보냈다.

이오덕은 김이구의 글을 읽고 나서 반론을 쓴다. "내가 '현실의 일하는 아이들만이 진정한 아동'이라 했다고 했는데, 이것은 아주 거친 말법이고, '일하는 아이들'을 크게 잘못 보고 있고, 내가 한 교육을 알지 못하고 있구나 하는 생각이 든다"[7]고 하였다. 자신은 시골에서 농사일을 하면서 살아가는 아이들만이 진정한 아이들이라고 생각한 적이 없고, 그런 말을 글로 쓴 기억도 없다고 강하게 부정한다. 김이구는 '일하는 아이들'을 '노동하는 아이들, 노동에 시달리는 아이들, 노동 착취 대상이 되는 아이들'로 보았다. 이오덕은 김이구가 생각하는 이 '일하는 아이들'이 자기가 생각하는 '일하는 아이들'과 다르고, 그 다름을 알지 못하는 것은 자기가 실천한 '교육'을 알지 못하기 때문이라고 보았다.

김이구는 '일하는 아이들'에서 '일'을 '노동' '고통' '착취'로 생

---

7. 같은 책, 25쪽

각하는데, 이오덕은 '일'을 '즐거운 놀이' '공부' '창조'라고 생각했던 것이다.

> 일하는 것이 즐거운 놀이가 되고, 놀이가 일이 되고, 또 그것이 바로 학습—공부가 되는 교육을 해야 한다는 생각은 그때나 지금이나 바뀌지 않는 내 생각이다. 그러니 일과 놀이와 공부가 따로 떨어진 현실에서 '일하는 아이들만이 진정한 아동'이라고 보아서는 안 되는 것이다. 물론, 일을 아주 하지 않고, 할 수도 없는 아이들이 책만 읽고 쓰고 외우고 해서 자라나는 것보다는, 일을 많이 하면서 그 일에 좀 시달리기도 하면서 자라나는 아이들 몸과 마음이 그래도 좀 더 건강하고, 좀 덜 불행하다고 본다. 이런 일하는 아이들을, 그 일이 제 몸에 알맞게 되도록, 그 일을 즐겁고 자랑스러운 것으로 자각하도록, 그 일이 놀이가 되고 공부가 되도록 하는 길로 이끌어 주고 싶었던 것이 내가 하여 온 '일하는 아이들'의 표현 교육이었던 것이다.[8]

이 글에서도 알 수 있듯이 이오덕은 '일하는 아이들만 진정한 아이'라고 주장하지 않았다. 그런데도 김이구가 이렇게 잘못 짚은 까닭은 이오덕 문학과 교육 비평이나 실천 내용을 자기 관점에서 편협하게 해석해서가 아닐까 싶다. "나는 70년대 말 대학생이었을 때 이오덕 선생이 역설하는 일하는 아이들의 존재가 절절히 가슴에 다가왔다. (줄임) 이오덕 선생의 정열적인 발언과 아이들의 글을 접하게 되었

---

8. 같은 책, 같은 쪽

을 때 그것은 너무나 생생한 현실로 다가왔다. 이는 착취당하고 고통받는 계급으로서의 노동자와 농민의 존재가 그토록 커 보이게 된 것과 다름없는 과정이었다"[9]고 하는 것을 보아도 그렇다.

여기서 김이구가 이오덕과 만났다고 한 책은 《시정신과 유희정신》(1977), 《이 아이들을 어찌할 것인가》(1977), 《일하는 아이들》(1978), 《우리도 크면 농부가 되겠지》(1979) 같은 책들이다. 앞에 있는 두 책은 어린이문학 평론과 교육 수필이다. 그리고 나머지 두 책은 이오덕이 교육 현장에서 1950년대 초반부터 1970년대 중반까지 가르쳤던 아이들이 쓴 시와 산문 모음이다.

이오덕은 《시정신과 유희정신》에서, 어린이문학인들이 열등의식 때문에 어린이문학을 한낱 장난감이나 유희거리로 삼고 있다고 비판하면서 겨레와 아이들 삶을 가꿀 수 있는 참된 문학 정신을 가져야 한다고 하였다. 그리고 "이제 우리 아동문학이 온 겨레의 재산이 되도록 하기 위해, 지금까지 진실한 세계를 창조하여 온 작가들이 그 작품들에서 모색하고 구현하려던 것을 정리하여 들어 봄으로써 앞으로의 나아갈 길을 밝혀 보고자 한다"[10]면서 삶을 가꾸는 참된 문학이 나갈 길 열 가지를 말하였다. 그 가운데 하나가 '일하면서 살아가는 아이들의 생활과 감정과 글을 그들 편이 되어 그릴 것'이었다. 김이구는 '일하는 아이들'은 시대가 바뀌면서 현실에서 사라졌으므로 이 개념은 버려야 한다고 생각한 것이다. 오직 '일하는 아이들' 한 가지만이 이오덕 어린이문학론의 핵심 개념이기라도 한 것처럼 이를 수정해야 한다고 주장하였다.

---

9. 김이구(1998), 앞 글, 86쪽
10. 이오덕(1977), 《시정신과 유희정신》, 창작과비평사, 137쪽

또 김이구는 이오덕이 가르친 아이들이 쓴 시에서 자기가 미처 보지 못했던 '일하는 아이들'을 생생하게 보았다고 했는데, 김이구가 보았다는 '일하는 아이들'이 하던 '일'은 아이들 삶의 전부가 아니라 농촌 어린이들의 일상생활 가운데 한 부분이다. 아이들이 부모를 도우려고 하는 집안일이나 농사일을 자본가와 노동자라는 계급 관점으로 보아서는 안 된다. 그럼에도 김이구는 일하는 아이들을 고통받는 계급으로 보고 있다. '착취당하고 고통받는 계급으로서의 노동자와 농민의 존재가 그토록 커 보이게' 해 주는 '일하는 아이들'을 발견하게 되었다는 것은 이오덕 교육론을 너무 모를 뿐 아니라 교육과 아이들을 편협하게 바라보고 있기 때문에 생긴 오해라고 할 수 있다.

이오덕이 가르친 아이들이 삶을 가꾸는 글쓰기 교육을 받으며 쓴 수많은 글 가운데 《일하는 아이들》에 실린 글만 봐도 결코 집안일 거드는 모습만 담긴 게 아니다. 자연과 놀이와 학교 공부와 집안 이야기와 학용품……, 이런 글이 집안일을 거드는 내용보다 더 많다. 그리고 아이들이 집안 '일'을 거드는 이야기를 쓰더라도 '계급 관점에서의 노동'으로 보고 지도한 흔적은 찾을 수 없다.

또 이오덕이, 일하는 생활이 담긴 글을 또 다른 삶인 놀이나 자연과의 만남을 표현한 글보다 더 중요하게 여기는 것도 아니다. 다만 당시 다른 교사들은 농촌 아이들이 일하면서 느끼고 생각하고 깨달은 것을 쓴 글을 소중하게 여기지 않았지만, 이오덕은 다른 글과 똑같이 소중하게 여긴 것이다. 그것이 다른 교사들과의 작은 차이지만, 이는 어린이와 교육과 문학의 본질을 가름하는 중요한 잣대가 된다.

이오덕은 아이들이 집안일이나 농사일을 돕는 자기 삶을 부끄럽게 여기고 글로 쓰지 못하도록 가로막는 교육 현실을 비판하면서, 그런 이야기도 솔직한 마음으로 자유롭게 쓸 수 있도록 해야 하고, 그래야 자기 삶을 소중하게 여기는 인간다운 마음을 기를 수 있다고 하였다. 가난을 부끄럽게 여기지 않고, 가난 때문에 집안일을 해야 하는 현실을 정직하게 보면서 당당하게 살 수 있도록 하기 위해서는 교육자들이 그런 글을 소중하게 여겨야 한다는 것이다.

그런데 김이구는 이오덕이 마치 '일하는 아이들만 진정한 아이'라 생각하고, 현실에서 착취당하고 고통받는 '일하는 아이들'을 새로운 계급에 올려놓은 것처럼 주장하고 있다. 이런 관점이나 태도는 교사라면 절대 가져서는 안 된다. 어린이문학가도 넓은 뜻에서 사회의 교사라고 볼 때 마찬가지다. 교사는 모든 어린이들의 배경이 되는 부모의 사회, 경제 지위, 이념이나 종교나 국적에 얽매여서는 안 된다. 부모에 의해 결정되는 그 어떤 계급의 아이들도 평등하게 대해야 하고, 아이들이 겪는 삶을 모두 소중하게 인정하고 대해야 한다. 이것은 이오덕이 끊임없이 강조하는 인간 교육과 민주 교육에 바탕이 되는 관점이다.

김이구가 '일하는 아이들'을 '일' 때문에 착취당하고 고통받는 계급으로 본 것은 '착취당하고 고통받는 계급으로서의 노동자와 농민의 존재'를 크게 보는 자기 관점으로만 보았기 때문이다. 이오덕이 아이들을 가르치던 때와 곳, 곧 이오덕과 아이들이 함께하던 삶의 모습을 보지 않은 채, 자기 관념 속 '착취당하고 고통받는 농민과 노동자 계급'의 자리에 바로 '일하는 아이들'을 바꾸어 넣었다고 할 수 있다. 그리고 이제 이것을 자본주의 세계가 승리한 고도 경제 성장 속에서 '아무런 일도 하지 않고 오직 공부만 하는 아이들'로 바꾸게 된 것이다.

이렇게 생각이 바뀌어 온 것이 잘못이라고 할 수는 없다. 분명히 시대에 따라 어린이들이 살아가는 환경이 달라지고, 1970년대에 견주면 2000년대는 집안일을 돕는 아이들이 아니라 학교와 학원에서 공부만 하는 아이들이 대부분이 되었기 때문이다. 집에서 자기 방 청소나 설거지 같은 일조차 하지 못하는 아이들이다. 어린이문학이 이렇게 바뀐 어린이들 삶에 대응해야 할 필요도 있다. 다만 어린이문학이 사회에서 해야 할 구실이 바뀌었다는 근거로, 아이들이 일하는 삶을 표현한 글에서 '착취당하고 고통받는 아이들 계급'이라는 허위 관념을 무리하게 만들어 냈다는 게 문제라고 할 수 있다.

　이것은 1920년대 초기 어린이 운동가인 방정환과 김기전이 주장한 '어린 민중 해방'을 '인간 해방'이 아니라 '계급 해방'으로 제한했던 1930년대 정홍교를 비롯한 사회주의 계열 어린이 운동가들의 오류와 비슷한 궤적을 보여 준다.

　이오덕과 김이구가 이렇게 '일'에 대한 개념이 크게 달랐던 까닭은 이오덕이 '일'을 기독교 관점에서 바라보는 데 견주어 김이구는 사회주의 관점에서 바라보았기 때문이 아닐까 생각한다. 기독교에서는 하나님을 천지 창조라는 '일'의 주관자로 보고 있다. 곧 기독교에서 하나님은 일하는 분이다. 장인이었던 브사렐이 나무와 돌과 보석을 다루는 솜씨는 하나님 성령에 충만했을 때 주어진 것이었다.[11]

　노동(일)은 돈을 받기 위해서 공식으로 고용되어 맡은 것을 하는 상황에만 쓰는 말은 아니다. '일'에는 수도꼭지를 고치는 일이나 자녀들 숙제를 도와주는 일, 쓰레기를 치우고 내놓는 일, 이부자리를 정리하는 일 같은 것도 들어간다. 예수는 그분 둘레에서 살아가고 있는 사람들이 일상에서 하는 일을 통해 하나님 나라를 설명했다.[12]

---

11. 출애굽기 35:30~33 참조

이오덕은 이러한 기독교 관점에서 일을 생각하기 때문에, '일을 하지 않으면 죽은 사람이다' '일을 해야만 사람답게 살 수 있다' '어른이나 어린이나 모든 사람이 일을 해야 한다'면서 "일하기 싫어하거든 먹지도 말게 하라"(데살로니가후서 3:10)는 성경 말씀을 인용하기도 하였다. 그런 뜻에서 일을 업신여기는 학교 교육과 문학, 일이 고통이 되는 사회, 일이 소외당하는 현실을 날카롭게 비판하고, 어린이 교육과 문학이 '일하는 아이들'을 소중하게 여기며 아이들이 '일과 놀이와 공부'가 하나 되는 삶을 살 수 있도록 이바지해야 한다고 주장하는 것이다.

'시정신' 과 '유희정신' 의 왜곡

원종찬은 1980년대 후반부터 한국글쓰기교육연구회에 들어와 이오덕에게 지도를 받으면서 어린이문학을 연구하기 시작하였다. 1990년대 이후 자료 발굴, 정리와 비평 활동을 활발히 하면서 이오덕 계열에서 중요한 존재로 자리매김하였다. 겨레아동문학회를 이끌면서 1920년대 이후 주요 어린이문학 작품을 찾아 모아 열 권으로 펴내는 중요한 일도 해냈다.

어린이문학 사회에서 이오덕이 신뢰하던 원종찬이 이오덕과 의견을 달리하기 시작한 것은 1996년 채인선 동화 《전봇대 아저씨》에 대한 평가에서부터다. 그러다 2001년 한국글쓰기교육연구회 여름 연수회를 계기로 더욱 뚜렷이 맞서게 됐다. 이때 원종찬, 이재복, 윤기

---

12. 폴 마샬, 김재영 옮김(2000), 《천국만이 내 집은 아닙니다》, 한국기독학생회출판부, 89~90쪽.

현이 주제 발제를 했는데, 이오덕이 원종찬 발제문에 대해, "어렵다" "무엇을 말하려고 했는지 알 수 없다" "요즘 살아가는 일에 어떤 믿음이나 확신을 가지지 못하고 이리저리 헤매고 있구나" "그래서 아이들의 문제에서나 어린이문학에서나 종전에 가지고 있던 생각이 자꾸 흔들리고 있구나" 하면서 혹독하게 비판하였다.[13]

또 이오덕은 원종찬이 발제문에서 '무엇' 보다 '어떻게' 가 더 중요하다 했다고 비판하면서, "문학 작품에서는 '무엇' 이 '어떻게' 를 규정"[14]한다고 하였다. 나아가 '현실주의' 와 '속류사회학주의' 라는 말을 굳이 써야 하는 까닭을 알 수 없다고 비판하였다.[15]

당시 원종찬이 이러한 비판을 받아들이겠다며 사과를 해서 일단락이 되었다. 그러나 2003년 여름에 창간한 〈창비 어린이〉에 이오덕 문학론을 비판하는 글을 실었다. 원종찬은 이재복이 이오덕 뒤를 이어서 리얼리즘의 눈으로 어린이문학을 비평하여 이오덕 책 뒤로 가장 널리 영향을 미치고 있다고 하면서,[16] 이재복이 몸담았던 교육문예창작회[17]와 일제 말기 카프 계열 비평을 하나로 묶고, "나는 그 한계를 리얼리즘 논의의 용어를 빌려 속류사회학주의라고 했다. 굳이 속류사회학주의라는 말을 써야 했느냐 하는 점에서 내 잘못을 인정하지만 달을 놔두고 손가락에만 매달려 논의가 이루어진 사실도 문제였다"[18]고 반론한다. 이오덕이 자기가 지적한 대상은 보지 않고 지적하

---

13. 이오덕(2002), 《문학의 길 교육의 길》, 한길사, 205~206쪽
14. 같은 책, 211쪽
15. 같은 책, 213~215쪽
16. 이재복이 쓴 《우리 동화 바로 읽기》(1995, 한길사)를 가리키는 말이다.
17. 1990년대 전후에 초등, 중등 학교 교사들을 중심으로 활동하였던 창작 모임. 작가로는 송언, 비평가로는 이재복이 이 모임을 시작으로 성장한 대표 인물이다.

는 손가락에만 매달려 비판했다는 것이다.

　이는 원종찬이 속류사회학주의라고 할 수 있는 작품을 보기로 들지 않은 채 이재복과 교육문예창작회를 1930년대 카프와 연결하면서 속류사회학주의가 사회의식을 성급하게 독자한테 주입하려는 태도가 문제라고 두루뭉술하게 비판했기 때문에 생산성 없는 논쟁이 된 것이지, '달은 보지 않고 달을 가리키는 손가락만 보았기' 때문이 아니다. 작품을 직접 대지 않고 이렇게 두루뭉술하게 비판하니까 이재복을 비롯해 교육문예창작회 회원들이 썼던 작품들 모두 속류사회학주의에 들어가 버렸다.

　이 때문에 이재복은 원종찬에게 교육문예창작회 작품 가운데서 속류사회학주의라고 볼 수 있는 작품을 세 편만이라도 골라서 논쟁을 해 보자고 했다. 그러나 원종찬이 작품을 대지 않아서 실제 논쟁이 이어지지 못했다. 원종찬 스스로도 실제 작품을 놓고 논쟁하지 않고 자기가 비평 기준으로 내세운 '속류사회학주의' 라는 말에만 매달린 것이 문제였다고 하였다. 문학 비평에서 어떤 '주의' 를 잣대로 내세운다고 할 때, 실제 작품을 보기로 들지 못한다면 이렇듯 공리공론으로 빠질 수밖에 없다.

　원종찬은 이 글에서 이오덕 어린이문학론을 정면 돌파 하려고 했는데, 바로 《시정신과 유희정신》에 대한 비판이었다. 《시정신과 유희정신》은 1977년에 나온 이오덕 문학 평론집으로 이오덕 어린이문학론에서 핵심이 되는 개념이다. 이것을 부정하는 것은 이오덕 문학론 본바탕을 부정하는 일이 된다.

---

18. 원종찬, '일하는 아이들과 유희정신을 넘어서' , 〈창비 어린이〉 2003년 여름 호, 22쪽

원종찬은 이오덕이 '시정신과 유희정신'이라는 말을 '리얼리즘과 반리얼리즘(동심주의)'으로 정식화했다고 하면서, 이것 또한 시대의 산물이라고 했다.[19] 이오덕이 규정한 리얼리즘이 속류사회학주의로 떨어졌다고 보는 것이다. 그리고 '유희정신'을 '반리얼리즘'으로 규정하면서 '놀이정신'을 부정했기 때문에 우리 어린이문학 발전을 가로막는 장애물이 되었다고 비판하였다. 따라서 장애물이 되는 이오덕 문학론을 조정해야 한다면서, 이 개념을 따옴표 안에 가두어야 한다고 결론을 맺었다.[20]

어린이문학은 재미있어야 한다. 어린이들이 푹 빠져 읽을 수 있을 만큼 재미있어야 한다. 따라서 우리 어린이문학이 발전하려면 놀이정신을 보태야 한다는 원종찬 주장은 합당하다고 할 수 있다. 그러나 그 놀이정신을 '삐노끼오 경향'[21]이라고 규정하는 것과, 이오덕이 어린이문학계에 널리 퍼뜨린 '유희정신'을 나쁘게만 보지 않도록 '유희정신'의 사선상 의미[22]를 호출해야 한다는 지적은 잘못된 것이다.

이오덕은 원종찬 글을 읽었으나 반론을 쓰지 못하였다. 이 글을 읽

---

19. 같은 글, 38쪽
20. 같은 글, 39쪽
21. 원종찬(2004), 《동화와 어린이》, 창작과비평사, 16쪽 참조.
    원종찬은 어린이문학 작품을 '삐노끼오 경향'과 '쿠오레 경향'으로 나누었다. 전자는 놀이정신을 강조한다고 보았고, 후자는 의식의 사회화를 강조한다고 보았다. 후자를 그렇게 보는 것은 옳은 면이 있지만 전자를 놀이정신을 담아낸 작품으로 보는 것은 타당성이 떨어진다. '삐노끼오'는 거짓과 놀이를 부정하고 정직과 일을 강조하는 의식이 더 강한 작품으로 '쿠오레'와는 또 다른 관점에서 의식의 사회화를 겨냥하는 작품이라고 볼 수 있기 때문이다. '쿠오레'는 이탈리아 민족 통일과 근대 국가 형성을 위해 애국심을 심어 주고자 한 작품이다.
22. '유희(遊戲)'의 사전 의미는 '즐겁게 놂, 노는 일, 놀이'다. 이오덕은 이것을 어린이문학 작가들이 어린이문학을 갖고 장난친다. 어린이문학을 장난감으로 삼는다는 뜻으로 썼다.

고 얼마 안 되어 급속히 건강이 나빠지면서 병원에 입원했고 석 달 뒤 2003년 8월 25일에 세상을 떠났기 때문이다. 그 뒤 글쓴이가 〈창비 어린이〉 가을 호에, 이성인이 〈어린이문학〉 9월 호에 반론을 쓰고, 박종호와 이지호도 나중에 이에 대한 비평 글을 썼다.

글쓴이는 반론[23]에서, 원종찬이 '시정신과 유희정신' 이라는 용어에 대한 정의를 명백하게 왜곡하고 있다고 지적하였다. 원종찬은 "이오덕이 '시정신과 유희정신' 이라는 말을 '리얼리즘과 반리얼리즘(동심주의)' 으로 정식화했다"고 했다. '시정신과 유희정신' 은 많은 사람들이 알고 있듯이 1977년 창작과비평사에서 펴낸 어린이문학사에 가장 큰 영향을 끼친 책 제목으로 내세운 글이고, 그 책에 실려 있는 '열등의식의 극복' '아동문학과 서민성' 과 함께 3대 주요 논문으로 평가받고 있다. 그런데 이 책 어디에서도 원종찬이 주장하는 것처럼 '시정신' 을 '리얼리즘' 으로, '유희정신' 을 '반리얼리즘' 으로 정식화한 글을 찾을 수 없다. 이 책의 주요 내용은 리얼리즘과 반리얼리즘이 아니라 모든 문학 이념을 끌어안는, 문학이 마땅히 찾아야 할 세계다. 곧, 그 당시까지 발표되었던 많은 동시를 놓고 참된 문학 정신으로 창작한 작품과 거짓된 문학 정신으로 창작한 작품을 겨누어 비판한 것이다. 다시 말하면 '시정신' 은 '올바른 문학 정신', '유희정신' 은 '잘못된 문학 정신' 이라는 등식을 세웠다. 원종찬은 이 뚜렷한 사실을 알고 있고 "이오덕 선생님의 뜻을 충분히 숙지하고 역사적으로 자리매김하고자 했다"[24]면서도 정작 '유희정신' 을 '반리얼리

---

23. 이주영, '시정신과 유희정신을 왜곡하지 말자', 〈창비 어린이〉 2003년 가을 호
24. 반론을 쓰기 전에 혹시나 내가 오해하고 있는 부분이 있을까 걱정돼서 원종찬에게 다섯 가지 질문을 했다. 그 가운데 하나가 '유희' 개념이었고, 이에 대한 답변에서 인용한 말이다.

즘'으로 왜곡하면서까지 우리 어린이문학 발전을 가로막는 장애물이 되었다고 비판하는 까닭이 쉽게 이해되지 않는다. 다만 이오덕이 지향하는 참된 문학론을 리얼리즘이라고 한정하여 받아들인 결과, '시정신'을 리얼리즘이라고 규정하고 '유희정신'을 반리얼리즘으로 견주게 된 것이 아닐까 여겨질 뿐이다.

이오덕은 '유희정신'에 대해, 동시 작가인 어른들이 어린이를 유희 대상으로 삼아 "아이들을 인형으로, 위안물로 여기는 어른 중심의 개인주의적이고 향락주의적인 유희정신으로 작품을 매만지고 있는 것"[25]이라면서 자기가 쓴 용어 개념을 뚜렷이 밝혀 놓았다. 이는 어린이들 놀이를 부정하거나 어린이문학 작품에 어린이를 위한 유희정신이 담기는 것을 부정한 것이 아니라, 어른들이 어린이문학을 자기 유희거리로 삼는 잘못된 문학관, 곧 문학이라 할 수 없는 유희정신을 부정한 것이다. 이 같은 문제는 리얼리즘을 비롯해 어떤 '주의'를 따르는 작가들에 한정할 수 없다. 어떤 문학 이념을 갖고 있느냐에 관계없이 모든 작가들이 가져야 할 문학에 대한 진정성 문제다.

이러한 '유희정신' '비문학 정신'으로 쓴 어린이문학 작품이 20세기에 끝난 '이전'의 문제인가? 21세기인 '이후'에는 그런 작품들을 '유희정신'의 잣대로 비판할 필요가 없어졌는가?

〈창비 어린이〉에 원종찬 글 다음으로 실린 권오삼 글 또한 '유희정신'으로 쓴 동시들에 대한 비판이다. 권오삼은 이 글에서 2002년 한 해 동안 발표된 동시가 1,800편이 넘는데, 대부분이 "아이들 감성에 안 맞는 것, 아니면 자기만족에 그친 비동시적인 것, 또는 작품성이

---

25. 이오덕(1977), 《시정신과 유희정신》, 창작과비평사, 191쪽

없는 따분하고 지루하고 평범한 것들이어서 설령 출판사에서 출판해 준대도 낭비일 뿐이라는 생각이 듦을 어쩔 수 없었다"[26]고 한탄했다. '자기만족에 그친 비동시적인' 동시란 곧 이오덕이 비판하는 '작가 자신을 위한 유희정신'과 같은 뜻이다. 원종찬도 비평에서 질 낮은 동화 작품에 문제를 제기하고 있는데, 이런 지적 또한 요즘 쏟아져 나오는 수많은 작품들이 투철한 작가 의식 없이 쓴 작품이라는 이오덕 비판에서 그리 멀지 않은 듯 보인다.

어린이 삶에 책임을 지는 문학

김이구가 '일하는 아이들'에 대해 잘못 받아들인 것은 자기 관점에 얽매여 이해했기 때문이라고 볼 수 있다. 이오덕이 쓴 책들을 충분하게 다 읽지 못한 까닭도 있다. 그러나 원종찬의 경우는 단순한 오류나 오해가 아닌 듯하다. 이오덕이 쓴 '유희정신'은 사전상 의미와도 같지 않다고 한 것으로 보아, 원종찬도 분명히 그것이 문학 내부 요소로 갖추어야 할 즐거움을 뜻하는 '유희'가 아님을 알고 있었다고 보여지기 때문이다.

원종찬은 "'유희정신'에 따옴표를 치되 그 사전적 의미만은 따로 호출해야 할 필요성을 느끼고 있다. 다시 말하자면 안이한 작가 정신과 현실 도피로 의미가 부여된 '유희정신'을 따옴표로 묶는 대신에, 리얼리즘과 스스럼없이 뒤섞일 수 있는 건강한 놀이정신을 풀어 내야 한다는 것이다" "'유희정신'의 개념을 다시 조정하지 않고 쓴다

---

26. 권오삼, '비동시를 버리고 참된 동시로', 〈창비 어린이〉 2003년 여름 호, 57쪽

면, 이제는 불편함의 차원이 아니라, 우리 아동문학의 발전을 가로막는 장애물이 될 수도 있다"[27]고 주장하면서, 이오덕의 '유희정신' 개념을 사실상 버려야 할 개념이라고 비판하고 있다. 한 걸음 더 나아가, 버리지 않으면 우리 어린이문학이 발전할 수 없다고까지 한다.

원종찬의 주장처럼 이오덕이 '유희정신'을 사전 의미와 다르게 썼기 때문에 오해할 수 있는 틈을 주고 있는 것이 사실이다. 그렇다면 그 뜻을 정확하게 밝혀서 그에 맞게 쓰거나 그 뜻에 맞는 말을 가져다 쓰면 될 텐데 버려야 할 개념이라고 묶어 버리는 것은 무책임하다. 분명 21세기에 접어든 지금도 어린이문학은 동화나 동시 모두 리얼리즘이냐 반리얼리즘이냐 전에 '시정신'이냐 '유희정신'이냐는 비평에서 벗어날 수 없다고 본다. 어린이문학이 타고난 임무대로 어린이를 위하는 올바른 문학 정신에 따랐는가, 아니면 어린이문학을 작가 자기 취향에 맞추는 유희거리로 삼아 썼는가 하는 문제는 어린이문학이 존재하는 이상 버릴 수 없는 비평의 잣대가 될 것이다. 따라서 원종찬이 말한 '이후'가 되는 지금도 '시정신과 유희정신'이라는 비평 기준이 절실하게 필요한 시대라고 볼 수 있다.

성인문학이라면 작가가 작품을 장난으로 쓰거나 자기 유희거리로 삼았다고 해서 굳이 옳고 그름을 가릴 필요까지는 없을 것 같다. 그런 성인문학에서도 심심치 않게 수준 이하거나 당시 사회 관점으로 볼 때 통속성과 상업성이 너무 강한 작품을 두고 시비가 일어난다. 어린이문학은 어린이에게 주는 문학이기 때문에 문학으로서 갖춰야 할 진정성과 어린이를 위한 투철한 작가 정신을 성인문학보다 더 엄

---

27. 원종찬, '일하는 아이들과 유희정신을 넘어서', 〈창비어린이〉 2003년 여름 호, 39쪽

격하게 요구하는 것이다. 21세기라고 해서 이런 요구를 버릴 수는 없다. 오히려 어린이책 시장이 활성화되면서 홍수처럼 쏟아져 나오는 수많은 작품 가운데 상업주의에 편승해 퇴행한 작품과 어린이 삶에 쓸모 있는 작품을 가려내려면 더욱 발전시켜야 할 관점이다.

이오덕은 어린이문학 작가들이 진정성에 관심을 갖고 이해하고 그 뜻을 지키기를 촉구하였다. 어린이문학의 진정성이란 작가가 어린이문학이 사회에서 갖는 책임을 사무치게 느끼고, 어린이가 살아가는 현실을 올바르게 알며, 민족과 인류의 앞날을 살아갈 어린이가 문학을 통해 간접 체험을 즐기고 그 즐거움에 힘입어 어린이답게 살아갈 수 있도록 애써야 한다는 것이다. 곧 어린이문학은 어린이를 위한 문학이며, 어린이 삶에 좋은 영향을 미치는 문학이라는 것이다. 이를 위해서는 어린이문학가들이 우리 겨레 어린이들이 살아가고 있는 현실 세계에 깊은 관심을 갖고 그 삶을 이해할 수 있어야 한다고 하였다. 또한 어린이문학가로서 정체성을 스스로 깨닫고, 올바른 역사관과 세계관으로 나아갈 수 있는 높은 지성을 갖추도록 끊임없이 애써야 한다고 하였다.

그리고 어린이문학 작가들이 어린이문학을 자기 장난거리로만 여기지 않기를, 또 사회 경제 지위나 이익을 따르는 방편으로 삼지 말기를 강하게 요구하였다. 어린이문학을 돈벌이 수단으로 여기거나 통속성과 속물성이 짙은 상업주의로 가고 싶은 유혹에서 벗어나야 한다는 것이다.

성인문학이라면 장난을 치든 유치하고 퇴행을 보이는 글을 재미삼아 쓰든 굳이 따질 필요가 없다. 작가는 그저 자기 마음대로 창작 자체를 즐기면 그만이다. 독자에 대한 책임이 없다. 그건 오로지 독자인 어른들 자신이 선택해야 하는 몫이기 때문이다. 그에 따른 비평가와 독자의 비판 또한 작가 스스로 버텨 내야 할 몫이다.

그런데 어린이문학은 그렇지 않다. 어린이문학 작가는 독자인 어린이에 대해 책임감을 갖고 써야 한다. 그 책임은 자신이 지고 싶지 않다고 해서 면할 수 있는 것이 아니라고 했다. 부모가 늘 자녀에 대해 책임을 져야 하며, 지고 싶지 않다고 해서 면할 수 없는 것과 마찬가지다. 모든 어른은 모든 어린이에 대해 사회, 역사와 관련한 책임이 있으며, 문학가라고 해서 그 책임을 피해 갈 수 없다. 아니, 어린이문학가이기 때문에 더 큰 책임을 져야 하고, 그런 책임을 지고 싶지 않다면 어린이문학 작품을 쓰지 말아야 한다. 어린이문학의 진정성을 이해하지 않고 글을 쓰는 것은 어린이들한테 죄를 짓는 일이다.

5. 참된 문학 교육을 위하여

어린이문학과 교육의 관계

1960년대부터 2000년대까지 끊임없이 이어져 온 어린이문학 논쟁 이면에는, 어린이문학과 교육의 관계에 대한 관점 차이가 있다.

첫 번째로 다룬 동시 작법 논쟁은 시 쓰기 교육, 곧 문학 창작 교육에 대한 관점 차이에서 비롯된 것이다. 그동안 학교 현장에서는 어른과 어린이가 시를 쓰는 목적과 방법이 다르다는 것을 받아들이지 않은 상태에서 동시 창작 교육을 했다. 그런데 이오덕은 그 차이가 뚜렷하기 때문에 어른이 어린이를 위해 창작하는 동시 영역과, 초등학교 현장에서 어린이들한테 글쓰기를 지도하는 영역을 나누어야 한다고 하였다.

두 번째로 다룬 '표절 동시론' 논쟁도 바탕에는 문학 창작을 지도하는 방법에 대한 생각 차이가 깔려 있다. 모작이나 표절이 당시 학교 문예부를 중심으로 한 문학 창작 지도에서 거리낌 없는 비법으로 통했던 상황과 무관하지 않기 때문이다. 어린이들이 대회에서 상 받은 동시를 외우고 흉내 내도록 가르치는 문학 교육의 뿌리가, 바로 어린이문학가들이 죄의식 없이 모작과 표절과 도작을 일삼던 당시 어린이문학계 풍토에서 왔다고 보았다.

세 번째로 다룬 좌경 용공 이념 논쟁은 당시 공안 정국에 편승해 불거진 사건이지만 문학 교육 관점에서 보면 학교 현장에서 어린이문학을 통해 이루어진 반공 교육과 관련이 있다. 어린이문학을 반공 교육 수단으로 삼는 데 앞장섰던 어린이문학가들이, 어린이문학을 통해 민족 분단 극복과 평화 통일 교육을 이루어 가려던 어린이문학가들을 공격한 것이라는 인상을 지울 수 없다. 그이들은 이원수, 이오덕, 권정생[1] 작품 가운데서 공격하기 좋은 꼬투리만 골라 왜곡했던 것이다.

네 번째로 다룬 '일하는 아이들'과 '유희정신' 논쟁도 그 뿌리에는 문학 교육에 대한 관점 차이가 있다. 김이구와 원종찬은 한결같이 이오덕의 어린이문학론과 비평이 당시에는 쓸모가 있었지만 1990년대 이후 신자유주의 자본 사회 구조에서는 그렇지 않다고 주장한다. 사회와 함께 어린이들 삶이 바뀌었기 때문에 지금에 와서는 오히려 극복 대상이 되어야 한다는 것이다. 새로운 사회 구조에 맞추어 발전하려는 어린이문학을, 이오덕 문학관이 억압하고 있다고 본다. 나아가 이오덕 문학 비평을 속류사회학주의와 통하는 교훈주의라고 에둘러 비판하고 있다.[2]

---

1. 이들은 반공 문학을 문학의 타락이라고 비판하면서 자유와 민주주의, 분단 극복과 통일, 생명 존중과 공동체 삶을 좇는 작품들을 창작하였다.
2. 원종찬은 '일하는 아이들과 유희정신을 넘어서' 23쪽에서 "속류사회학주의는 사회의식을 성급하게 독자에게 주입하려 드는 태도라는 점에서, 어린이를 어떻게 보느냐 하는 차원으로 와서 생각해 볼 때, 아동문학의 오랜 병폐인 교훈주의와 통한다. 교훈주의는 작품의 주제 또는 작가 의식이 진보적이냐 보수적이냐 하는 것과는 관계가 없다"고 하였다.

이오덕은 문학가나 비평가 전에 교육자다. 교육자 관점에서 문학을 창작하고, 지도하고, 비평하기 때문에 그 바탕에는 늘 문학 교육에 대한 관점이 자리 잡고 있게 마련이다. 따라서 이오덕이 문학 교육에 대해 갖고 있는 생각을 짚어 보는 것은 이오덕의 어린이문학론이 지향하는 바를 아는 데 도움이 될 것이다.

동심이란 무엇인가

이오덕의 어린이문학론과 문학 교육론을 알려면 그이가 '어린이'를 어떻게 생각하고 있는지부터 살펴볼 필요가 있다. 이오덕이 '어린이'와 '어린이 마음' 곧 '동심'에 대해 갖고 있는 생각은 그이가 쓴 책이나 글 제목, 수많은 문장들에서 찾아볼 수 있다.

이오덕은 어린이문학가가 가장 완전한 인간의 모습, 사회의 모습을 어린이 마음과 세계에서 찾고, 어린이의 순수한 마음을 사회에서 지키고 키워 가야 한다고 했다. 따라서 어린이문학은 "그것을 받아들이는 어린이의 마음과 삶의 순수성에 의해 그 내용과 형식에서 어쩔 수 없이 어떤 제약을 받으며, 작가의 용의주도한 교육적(문학적) 배려가 요청된다"[3]는 것이다.

'동심이란 무엇인가?'는 곧 '어린이란 무엇인가?' 하는 문제다. 근대 전에는 '어린이'가 존재하지 않았다. 그리스 노예가 주인에 소속된 물건이었듯이 그 당시 어린이는 부모의 소유물이었다. 어린이를 부모와 독립된 인격체로 보기 시작한 것은 근대 사상이 갖고 있는

---

3. 이오덕(1997), 《삶, 문학, 교육》, 종로서적, 85쪽.

중요한 덕목이라고 할 수 있다. 19세기에 이러한 사상을 실현하려는 어린이 운동가들이 나타났고, 그이들의 활동이 어린이 교육과 어린이문학에 큰 영향을 끼쳤다.

어린이문학과 문학 교육은 어린이에 대한 생각, 동심에 대한 관점에 따라 달라진다. 카프 계열이 방정환의 어린이관과 동심론에 집중해서 동심천사주의라고 비판했던 까닭도 어린이를 어떻게 생각하는가에 따라 문학과 문학 교육 방향이 달라지기 때문이다.

어린이에 대한 이오덕의 생각은 기독교와 천도교 어린이관을 바탕으로 한다. 기독교 집안에서 태어나 자랐고 어린이문학을 하면서 이원수를 통해 방정환의 천도교 동심관에 영향을 받았기 때문으로 보인다.

이오덕은 어릴 때부터 화목교회 주일 학교에서 공부하였고, 청년기에는 주일 학교 교사를 하기도 한다. 그러다 한국전쟁 때 교인들끼리 좌우 대립으로 서로 핍박하고 죽이는 분란을 겪고, 그 뒤 기독교가 기독교장로회와 예수교장로회로 나뉠 때 집안 식구들끼리도 나뉘는 것을 보면서 교회에 다니지 않게 된다.

그러나 마흔 해 동안 쓴 일기를 보면 여러 곳에 신앙 고백을 하거나 기도문을 써 놓았다. 이런 속내와 삶의 궤적을 볼 때 이오덕이 평생 지켜 온 어린이관과 동심론 바탕에는 기독교 사상이 굳고 단단하게 자리 잡고 있음을 알 수 있다.

기독교가 어린이를 어떻게 보는가는 성경에 여러 차례 나와 있다. "어린아이들을 용납하고 내게 오는 것을 금하지 말라. 천국이 이런 자의 것이니라"(마태복음 19:14) "어린아이들과 같이 되지 아니하면 결단코 천국에 들어가지 못하리라"(18:3) "또 누구든지 내 이름으로 어린아이 하나를 영접하면 곧 나를 영접함이니"(18:5) 같은 말씀에서 뚜렷하게 나타난다. 곧 어린이를 예수님으로 받아들이라는 뜻이다. 그리고 '어린아이 입으로 권능을 세우신다'(시편 8:2)고도 하였다.

이오덕은 "성경에 부자는 하늘나라에 갈 수 없다고 쓰여 있다. 이것은 진리다. 이 어린이는 이 진리를 믿고 있다"⁴면서 어린이가 아니면 하늘나라에 갈 수 없다는 성경 말씀대로 어린이 마음을 지켜야 한다고 하였다. 어린이 마음을 가지면 아무리 나이가 많아도 어린이라고 할 수 있다고 하였다.

또 "어린이의 순진한 마음은 뱀이나 호랑이들까지도 통하는 바로 하느님 마음이요, 우주의 마음이다. 어린이가 되어야 하늘나라에 갈 수 있다든지, 어린이는 어른의 아버지라고 하는 말들은 결코 어린이란 존재를 어른의 머릿속에서 공상으로 미화시켜 표현한 말이 아니고, 현실 속에서 숨 쉬고 있는 어린이들의 살아 있는 마음을 보여 주는 말"⁵이라고 하면서, "어린이는 참되고 착하고 아름다운 존재로서 인간의 이상적 원형"⁶이라고 규정하였다.

동학을 이어받은 천도교가 어린이를 보는 관점도 기독교와 비슷하다. 천도교가 어린이를 어떻게 보는가는 동학 2대 교주 최시형이 '어린이는 곧 한울님'이라고 한 말에서 뚜렷하게 나타난다. 방정환 또한 제1회 어린이날 선언문⁷을 비롯해 여러 글에서 어린이를 대우주의

---

4. 이오덕(1986), 《이 땅에 살아갈 아이들 위해》, 지식산업사, 58쪽.
   이 글 앞에 한 어린이가 쓴 글을 보기로 들었다. "하느님, 제가 이제야 예수님을 믿는 보람이 있는 것 같아요"로 시작하는 글인데, 앞산에 놀러가고 싶다고 교회에서 기도한 대로 소원을 들어주어서 고맙다는 이야기와, 부자는 천국에 들어갈 수 없다는 성경 말씀대로 부자가 되는 걸 바라지 않겠다는 이야기를 쓴 글이다.
5. 같은 책, 60쪽.
6. 같은 책, 55쪽.

순수성을 간직한 한울님과 같다고 하였다. 1920년대 방정환이 시작한 어린이 운동은 천도교 청년 단체를 바탕으로 하였기 때문에 천도교의 어린이관을 그대로 이어받았다. 이원수는 방정환 권유로 〈어린이〉를 통해 등단하면서 많은 영향을 받았고, 이오덕은 어린이문학에 처음 들어서면서부터 이원수 영향을 받았기 때문에, 결국 이오덕은 방정환의 어린이관과 동심론 그리고 어린이문학 교육 사상에 크게 영향받았다고 볼 수 있다.

방정환의 '동심천사주의'를 가장 뚜렷하게 보여 주는 글이 '처음에'[8]와 '어린이 찬미'[9]다. 방정환은 '처음에'에서 어린이를 두고, "새와 같이 꽃과 같이 앵두 같은 어린 입술로 천진난만하게 부르는 노래, 그것은 그대로 자연의 소리이며, 그대로 하늘의 소리"라고 했다. 그리고 "죄 없고 허물없는 평화롭고 자유로운 하늘나라! 그것은 우리 어린이들 나라입니다. 우리는 어느 때까지라도 이 하늘나라를 더럽히지 말아야 할 것이며, 이 세상에 사는 사람 사람이 모두 이 깨끗한 나라에서 살게 되도록 우리 나라를 넓혀 가야 할 것"이라며 방향을 제시하고 있다.

'어린이 찬미'에서는 "어린이는 복되도다! 한없이 많이 가지고 온 복을 우리에게도 나누어 준다"면서 복된 어린이 나라에서는 '이야기 세상, 노래 세상, 그림 세상'을 예술화하여 찬란한 아름다움과 흥미를 더하여 어린이 머릿속에서 다시 펼쳐 나간다고 하였다. 이런 기쁨을 낳을 수 있는 예술을 품고 있는 "어린이는 복되다. 어린이는 복되

---

7. 정인섭(1975), 《색동회 어린이 운동사》, 학원사, 51~56쪽
8. 〈어린이〉 제1권 제1호, 1923년 3월 20일. 인용문은 글쓴이가 지금 맞춤법으로 바꿔서 옮겼다.
9. 〈신여성〉 제2권 제6호, 1924년 6월

다. 한이 없는 복을 가진 어린이를 찬미하는 동시에, 나는 어린이 나라에 가깝게 있을 수 있는 것"에 감사한다고 찬미하였다.

 이오덕은 이러한 방정환의 동심론과 기독교 어린이관을 깊이 있게 받아들이고 있다. 아이들을 하늘처럼 섬겨야 하고, 아이들한테 배울 줄 아는 어른이 되어야 한다고 하였다. 그리고 어른이 되어서도 어린이 마음을 잃지 않아야 한다고 하였다.

> 어린이야말로 인간의 가장 순수한 원형이요, 희망이다. 그것은 버리고 지양해야 할 유치하고 미개한 상태가 아니라, 지키고 키워 가야 할 가장 깨끗하고 착하고 참되고 아름다운 세계다. 어린이가 지닌 그 순진하고 사심 없는 마음, 자기와 남을 하나로 보는 마음을 언제까지나 고이 간직해 나가도록 하는 데서만 지성이 발달하고 창조력이 뻗어나고 인간성이 제대로 피어난다. 어른들은 아이들의 인격을 존중해야 하며, 아이들에게 어떤 지식이나 교훈이나 생각을 자꾸 쑤셔 넣어 주려고 하지 말고, 그들과 같이 놀고 일하는 동안에 함께 이치를 깨닫고 지혜를 얻고 삶을 배우도록 해야 한다. 즐거운 삶을 살아가게 하는 것이 아이들을 지키는 참교육이다.[10]

 인간의 순수한 원형을 잃지 않도록 지키고 키워 갈 때 우리 겨레와 인류의 앞날에 희망이 있다고 보았고, 교육과 문학이 이러한 동심을 지키고 살리는 일을 해야 한다고 하였다.

---

10. 이오덕(1990), 《참교육으로 가는 길》, 한길사, 196쪽

여기서 보듯이 이오덕 동심론은 동심천사주의에 가깝다. 그런데 이오덕은 여러 글에서 동심천사주의를 비판하고 있다. 아울러 동심천사주의를 비판하는 쪽도 비판하고 있다.

이러한 이오덕의 양면성을 볼 수 있는 글이 '아동문학가들의 두 가지 관점'[11]이다. 동심천사주의자들이 어린이들을 현실과 따로 떨어진 꽃밭에서 꿈만 꾸고 있는 공상가로 생각하고 있다고 비판하고 있다. 또 한편으로는 어린이들이 어리석고 모자란 독자라서 예술성을 이해하지 못하기 때문에 어린이문학의 예술성을 높이려면 어린이보다 어른을 예상 독자로 해서 써야 한다고 주장하는 어린이문학가들 또한 비판한다.

얼핏 보면 모순이고 자가당착 같다. 이에 대해 원종찬은 "이오덕 평론에서는 어린이와 동심을 둘러싸고 리얼리즘과 이상주의 두 요소가 통합되어 나타나기도 하고 분열되어 나타나기도 한다. 물론 어린이를 한가롭게 '꽃밭'에 가두고 본 이른바 동심천사주의자들과 달리, 이오덕 선생은 어린이를 어디까지나 구체적인 '삶의 현장'(현실)에 놓고 보았고, 이 때문에 이오덕 선생의 동심론 자체는 이상주의적이지만 그것이 현실 고발 또는 사회 비평의 성격을 띠고 있다는 사실을 놓쳐서는 안 된다"[12]고 하였다. 다시 말하면 이상주의가 근본 사상인데 구체 현실을 보는 리얼리즘 때문에 이미 있던 동심천사주의와 다르다는 것이다.

원종찬은 동심천사주의란 말 대신에 이상주의라는 말을 새롭게 쓰는데, "어린이의 순수성을 찬미하는 노스탤지어에 기대어 현실을 넘

---

11. 이오덕(1986), 《이 땅에 살아갈 아이들 위해》, 지식산업사, 52~54쪽
12. 원종찬(2004), 《동화와 어린이》, 창작과비평사, 64~65쪽

어서려는 지향을 보통은 낭만주의로 규정하지만, 이오덕 선생은 남다른 도덕적, 금욕적 태도를 강조하는 편이기 때문에 이상주의라고 하는 게 더 적절하다"[13]고 밝혀 놓았다.

원종찬은 리얼리즘을 현실 고발로, 도덕과 금욕을 강조하는 낭만주의를 이상주의로 단순하게 바꾸고 있다. 이는 이오덕이 어린이를 예수님으로 보고, 동심을 예수님 마음으로 보고 있는 '믿음'을 이해하지 못하기 때문이다. 이오덕이 생각하는 어린이와 동심을 문학 관점인 리얼리즘이나 낭만주의를 비롯해 어떤 '주의'로 받아들여서는 안 된다.

방정환의 어린이관과 동심론이 천도교 믿음을 바탕으로 하고 있듯이 이오덕은 기독교 믿음에 뿌리를 두고 있다. 이오덕에게 어린이는 예수님이다. 동심은 예수님 마음이다. 따라서 어린이문학은 어린 예수를 지키는 문학, 어린 예수를 살리는 문학이어야 한다. 이러한 믿음 때문에 이오덕한테는 어린이 마음을 지키고 살리는 문학은 선이고, 어린이 마음을 해치고 죽이는 문학은 악이라는 이분법 논리가 뚜렷한 것이다. 이오덕 동심론은 동심천사주의라기보다는 동심예수주의[14]라고 할 수 있다

---

13. 같은 책, 64쪽
14. '동심천사주의'나 '동심예수주의'는 사실 같은 뜻이다. 다만 이미 있던 동심천사주의는 어린이가 천사처럼 현실과 따로 떨어진 삶에서 즐겁게 살아가는 동심으로 한정되어 있었다. 이오덕은 이런 한정된 천사관을 비판하는 것이다. 그리고 현실 속에서 살아가는 어린이를 예수와 똑같이 여기며 동심이 부활하기를 바라고 있다.

초등학교 문학 교육 현실

'문학'은 초등학교 국어 교육 과정 6대 영역 가운데 하나며, 문학 창작 교육, 문학 이해 교육, 문학 감상 교육 이렇게 세 가지로 나눌 수 있다. 이 가운데 어떤 것이 더 중요하거나 중요하지 않다고 할 수는 없으나 초등학교 문학 교육에서는 문학 이해와 감상 교육 비중이 높다.

그러나 실제 지도는 '이해'에 치우쳐 있고, '감상'은 독후감 대회를 비롯해 행사나 과제로는 많이 이뤄지고 있으나 단순한 실적 중심 행사일 뿐 올바른 문학 감상을 위한 체계 있는 지도는 소홀한 것이 지금의 교육 현실이다.

문학 창작 교육은 작품을 쓰고 싶어 하는 사람들에게 '무엇을, 왜, 어떻게' 써야 하는지 가르치는 것이다. 현재 초등학교에서 문학 창작 교육은 제대로 이뤄지지 않는다고 할 수 있다.

물론 교육 과정에는 지도하도록 되어 있고, 쓰기(듣기, 말하기, 쓰기) 교과서 내용에 들어 있다. 그러나 까다롭게 따지자면 창작 교육으로 구성한 단원도 실제 지도 방법은 창작이 아니라 이해 교육에서 크게 벗어나지 못하고 있다.

문학 이해 교육은 문학과 문학 작품 내용을 이해하고 구조와 형식에 대한 지식을 갖도록 교육하는 것이다. 내용을 이해하려면 언어를 읽을 수 있어야 하며 언어에 대한 지식이 있어야 한다. 또 문학 구성 요소와 구조, 갈래에 따른 형식 차이도 알아야 하고 문학사와 문학에 담긴 사회, 역사 배경 그리고 과학과 철학 같은 이웃 학문에 대한 지식도 있어야 한다.

문학 감상 교육은 어린이들이 작품을 읽고 어떻게 받아들이는지,

어린이 발달에 어떤 영향을 미치는지, 감성과 인성에 어떤 반응을 일으키는지 생각하면서 구성하고 알맞게 지도해야 한다. 그런데 현재 초등학교에서는 감상 교육도 이해 교육 방법으로 지도하고 있는 경우가 많다.

이를테면 제7차 교육 과정 5학년 1학기 국어 교과서 1단원에서 시 감상 지도를 하는데, '비유적 표현 찾아보기'가 학습 목표다. 비유적 표현을 찾는 것은 이해 교육이지 순수한 감상 교육이라고 할 수 없다.

특히 객관식이나 일제고사 형태 평가 문제 들은 역동성을 필요로 하는 문학 감상을, 텍스트만을 대상으로 하는 문학 지식 습득이나 이해 교육으로 되돌리고 만다. 문학의 역동성이란 문학 작품을 어떤 대상이나 도구로 보는 것이 아니라 독자가 문학 속에 들어가 문학과 더불어 묻고 그 대답을 스스로 찾으면서 새로운 삶의 질서를 세우는 것이다.

문학 교육은 '문학적 사고'를 위한 교육이어야 하며, 더 나아가서는 '문학적 사고'를 계발하는 교육이어야 한다. "문학적 사고란 문학 작품을 이해하고 감상하며 평가하는 것을 의미한다"[15]는 말처럼 문학 이해 교육과 감상 교육이 아주 따로 떨어지기는 어려울 수도 있다. 그러나 창작 교육이나 감상 교육에서는 이해 교육에서 좇는 지식에 관한 이해보다는 역동성 있는 감흥이 더 중요하다.

---

15. 강문희 외(1997), 《아동문학 교육》, 학지사, 26쪽

동심을 지키고 가꾸는 쓰기 교육

여기서는 이오덕이 확립한 글쓰기 지도를 어린이 시 중심으로 살펴본다.

이오덕이 어린이들한테 글쓰기 지도를 하면서 가장 중요하게 여긴 것은 어린이들이 자기 생활을 정직하게 사실 그대로 쓰는 것이었다. 그래야 자기 삶을 정확하게 보고, 이해하고, 사람다운 마음을 지키고 살아가는 힘을 얻을 수 있다고 하였다. 정직하게 쓰려면 자기 자신을 긍정하는 눈으로 볼 수 있는 자신감이 필요하다. 사실 그대로 쓰려면 자세히 볼 수 있어야 한다. 그래서 이오덕이 지도한 어린이 시를 보면 자연을 자세히 보고 쓴 글이 가장 많다.

무지개[16]

안동 대곡분교 3학년 이위직

길가
조그만 물웅덩이에
파랗고 빨갛고 노랗고
색색의 무지개
나무 작대기를 가지고
무지개에 대면
작대기에 무지개가 묻는다.

(1968.6.13)

---

16. 이오덕(1978) 엮음,《일하는 아이들》, 청년사, 85쪽

비가 온 뒤 길가 물웅덩이에 석유가 떠 있는 모습, 그게 신기해서 자세히 들여다보다 작대기로 건드려 보는 천진난만한 아이가 보인다. 예전에는 트럭이 지나가면서 흘린 기름이 길가에 고여 있는 물에 떠 있곤 했는데, 아침 햇살이라도 비치면 무지개처럼 예뻤다. 기름을 무지개로 표현한 것은 이 아이가 일부러 비유하려고 한 것이 아니라 보는 순간 석유라는 생각보다 먼저 무지개라는 생각이 떠올랐기 때문이다. 자기도 모르게 어떤 시인보다도 더 멋진 비유, '작대기에 무지개가 묻는다'는 감흥을 느끼게 되는 것이다.

자연을 자세히 살펴보면서 느낀 감흥을 붙잡는 시 쓰기는 어린이 마음을 지키는 길이기도 하다.

이슬

안동 대곡분교 3학년 김춘옥

이슬이
코스모스 잎사귀에
두 줄로 졸로리 있다.
손까락으로 건드리니
낭랑랑 떨며
땅에 떨어져서
흙같이 팍삭 깨졌다.

(1970.6.18)

이슬

<small>안동 대곡분교 3학년 이경자</small>

보리 잎에
이슬이 있다.
노란 은빛 날개로
동그랗게 앉아 있다.

(1970.5.12)

'이슬'을 제목으로 쓴 글이 여러 편[17]인데도 저마다 보고 느낀 것이 다르다. 그만큼 이 시를 쓴 어린이들이 자기가 보고 느낀 그대로를 자세히 표현할 수 있도록 지도하였기 때문이다.

자기가 생활하면서 보고 듣고 겪은 일을 솔직하게 쓰는 것은 어른한테는 어려운 일이지만 어린이한테는 쉬운 일이다. 어른은 자기를 보기 좋게 꾸미려 하거나 숨기려고 하거나 심지어는 이익을 위해서 거짓으로 지어내기를 잘한다. 그러나 어린이한테는 자기가 보거나 듣거나 겪지 않은 일을 머리로 꾸며서 쓰는 게 더 어려운 일이다.

솔직한 글쓰기는 살아가면서 즐겁거나 힘든 일을 바르게 볼 수 있게 한다.

---

17. 같은 책, 271~274쪽

그네[18]

안동 대곡분교 3학년 백석현

그네를 뛰니
나는 것 같다.
한참 오를 때
줄을 놓으면
멀리 날아가겠지.
그래도 줄을 놓을까 봐
겁이 난다.
어라 춘추여!
큰 소리를 지른다.
나뭇가지도 좋아서 춤을 춘다.

(1970.6.10)

우리 어머니[19]

부산 동신초 4학년 김순남

우리 어머니는
날마다 시장에 가십니다.
오늘도 새벽에 나갔습니다.

---

18. 같은 책, 75쪽
19. 같은 책, 121쪽

우리 어머니는 쇳덩어리입니다.
(1952.12)

또는 자기 느낌이나 생각을 키워 주기도 하고, 부끄러운 자기를 반성하는 양심을 일깨우기도 한다.

죽음[20]
>안동 대곡분교 2학년 이건직

사람이나 새나 죽으면 불쌍하다.
우리가 새를 죽여도 불쌍하다.
새가 우리를 죽여도 불쌍하다.
(1968.12)

청개구리[21]
>안동 대곡분교 3학년 백석현

청개구리가 나무에 앉아서 운다.
내가 큰 돌로 나무를 때리니
뒷다리 두 개를 펴고 발발 떨었다.
얼마나 아파서 저럴까?

---

20. 같은 책, 60쪽
21. 같은 책, 61쪽

나는 죄 될까 봐 하늘 보고 절을 하였다.
(1969.5.3)

순남이는 새벽 시장에 나가 일하는 어머니를 부끄럽게 생각하지 않고 "우리 어머니는 쇳덩어리"라고 쓰고 있다. 어머니가 힘들게 일하는 모습을 안쓰럽게 생각하는 것과 동시에 어머니에 대한 사랑과 믿음이 고스란히 나타난다.

만일 이 어린이가 솔직하지 못하다면 이토록 당당하게 자기 어머니에 대한 시를 쓸 수 없을 것이고, 어머니가 뼈 빠지게 일해서 자기를 먹여살리는데도 오히려 그런 어머니를 부끄럽게 여기면서 살아가게 될지도 모른다.

2학년짜리 건직이는 사람뿐 아니라 새나 곤충까지 서로 함부로 죽여서는 안 된다는 자기 생각을 쓰고 있다. "우리가 새를 죽여도" "새가 우리를 죽여도" 불쌍하다고 느끼고 생각할 수 있는 건직이 마음은 예수님 마음이다. 건직이나 석현이 같은 어린이 마음을 어른이 되어도 지킬 수 있어야 사랑과 평화가 가득할 수 있다. 이런 겨자씨 같은 어린이 마음을 솔직하게 표현할 수 있도록 지도해야 한다.

이런 솔직한 글쓰기를 리얼리즘이니 현실 고발이니 사회 비평이니 하는 관점에서 본다면, 그 자체가 이미 어른들이 동심을 자기 입맛에 맞게 덧칠하는 격이다. 어린이들이 자기 삶을 솔직하게 쓰는 것은 동심을 지키고 되살리기 위한 방법일 뿐이다.

어린이는 누구나 자연과 하나 되는 감흥, 소유에 집착하지 않고 폭력에 기대지 않고 다른 모든 생명을 사랑하면서 함께 살아갈 수 있는 마음을 저절로 갖고 있다. 이오덕은 이런 마음을 시인의 마음이라고 했고, 따라서 모든 어린이는 시인이라고 했다.[22]

둘레에서 그렇지 않은 어린이들을 보게 되기도 하는데, 이오덕은 그런 아이들은 악에 물든 어른한테 영향을 받았다고 본다. 어른이라도 악에 물들지 않은 사람은 어린이 마음을 잃지 않은 사람이라고 하였다. 이러한 생각은 방정환도 비슷하다.[23] 이오덕이 주장하는 '삶을 가꾸는 글쓰기 교육'은 바로 이런 어린이 마음을 지키고 가꾸며, 어른이 되어서도 빼앗기거나 잃어버리지 않도록 하기 위한 표현 교육이다.

어린이 삶에 이로운 읽기 교육

어린이를 대상으로 하는 문학 이해와 감상 지도는 작품을 읽으면서 자기 삶을 지키고 가꿔 나가는 길을 가르치는 교육이다.

초등학교 문학 교육이 어린이들이 문학 지식을 갖추도록 하는 데 중점을 두는 것은 알맞지 않다. 이러한 방법은 오히려 어린이들이 문학에서 멀어지도록 하여 책을 더 읽지 않게 만들 수도 있다. 열두 해나 학교 교육을 받은 사람이 교문을 나서면서부터는 아예 책을 손에 들지 않는다면 잘못된 문학 교육의 피해자일 가능성이 크다.

문학은 독자가 스스로 즐거움과 재미를 느끼면서 주인공이 되어 읽을 때 가치가 있다. 그래야지만 평생 책과 벗하고 문학을 누리는 넉넉한 삶을 살 수 있다. 따라서 가장 좋은 책 읽기 교육, 문학 교육은 어린이들이 스스로 즐겁게 책을 읽을 수 있도록 환경과 경험을 마련해 주는 것이다. 평생 책 읽기를 통해 자기 삶을 바르게 지키고 가꿔

---

22. 이오덕(1988), 《어린이는 모두 시인이다》, 지식산업사
23. 안경식(1999), 《소파 방정환의 아동 교육 운동과 사상》, 학지사, 238쪽

온 사람들을 살펴보면 다들 어린 시절에 책과 문학을 즐겁게 만났던 추억을 가지고 있다.

이오덕은 "어른이 읽어서 재미가 없는 책을 아이들에게 읽으라고 권하지 말아야 한다. 어른이 읽었을 때 무엇을 썼는지 모르는 책, 잘못된 생각을 적은 책은 버려야 한다. 그래야만 아이들의 마음을 책의 공해, 책의 홍수 속에서 구원해 줄 수 있다"[24]고 하면서 몇 가지 책 읽기 교육 지침을 내놓는다.

첫째, 아이들이 책을 읽고 싶어 하도록 독서 환경을 만들어 준다.
둘째, 재미있는 책, 유익한 책을 읽도록 한다.
셋째, 나이에 알맞은 책을 읽게 한다.
넷째, 읽기 전이나 읽은 다음에 어떤 부담을 지우지 말아야 한다.
다섯째, 책을 읽는 재미에 깊이 빠지는 것은 좋지만 무슨 책이든지 그 내용을 주체적으로 받아들이고 때로는 비판도 할 수 있도록 지도하는 것이 좋다.[25]

문학 교육이라고 하지 않고 '책 읽기 교육'이라고 하는 까닭은, 어린이가 읽어야 하는 글은 문학뿐 아니라 어린이 삶을 가꾸는 데 필요한 '모든 좋은 글'이라고 보기 때문이다.

여기서 이오덕이 문학의 테두리를 꽤 폭넓게 보고 있음을 알 수 있다. 이오덕은 어린이문학이 갈래 개념에 매이지 말고 테두리를 계속 넓혀 나가야 한다고 주장하였다. 어린이들 입말을 옮겨 쓴 글, 어른

---

24. 이오덕(2008), 《어린이를 살리는 문학》, 청년사, 458쪽
25. 같은 책, 456~457쪽

들 어린 시절 이야기를 어린이한테 들려주는 글, 자연 생태나 사물을 자세히 묘사하는 글처럼 모든 종류의 글이 어린이 삶을 지키고 가꾸는 글이 되어야 한다고 하였다.

이오덕은 '어떻게' 쓴 문학인가보다는 그 전에 '무엇을' 쓴 문학인가 잘 살펴봐야 한다고 강조한다. 이 말에 담긴 뜻은 크게 두 가지다.

첫째는 내용은 진실하지 못하면서 재미만 좇는 문학을 경계하라는 것이다. 올바른 생각을 바탕으로 하지 않은 문학은 재미있을수록 오히려 어린이들한테 더 큰 해독을 끼치기 때문이다.

둘째는 2000년대 전후에 어린이문학협의회 회원들 사이에 갈래 문제로 논쟁이 일어났는데,[26] 그보다는 우리가 살아가는 이 역사와 사회 현실에서 무엇을 써야 하는지부터 맑은 정신으로 생각해야 한다는 것이다.

무엇을 쓴 문학인가, 다시 말해 '어린이에게 이로운 문학' 인가를 잘 살펴봐야 한다. 어린이들이 즐겁게 읽으면서 새로운 체험을 할 수 있고, 어린이 삶을 넉넉하게 넓혀 줄 수 있어야 한다. 곧 어린이 마음을 지킬 수 있는 것이 좋은 문학이다. 이런 문학을 창작하고 펴내고 북돋아 주어야 한다는 주장 때문에 교훈주의에 치우쳤다고 비판받을 여지는 있다.

어린이들 삶에 좋은 영향을 끼칠 수 있어야 한다는 건 넓게 보면 어른이 갖고 있는 가치를 어린이에게 가르치고 싶다는 부모나 교사의 태도라고도 할 수 있다. 그러나 이오덕은 좋은 어린이문학이라면 어린이들이 스스로 자기 삶을 가꾸고 지키는 데 도움이 되어야 하

---

26. 이오덕(2002), 《문학의 길 교육의 길》, 한길사, 215~217쪽

고, 문학을 자기 식으로 자유롭게 해석하여 좋은 생각을 깨치며 바른 삶으로 나아갈 수 있도록 옳고 그름을 가릴 줄 아는 감상 능력을 길러 주어야 한다고 주장한다. 단순히 기성세대가 본디 지니고 있던 가치나 관념을 강요하는, 틀에 박힌 '교훈주의'와는 갈라놓아야 할 주장이다.

엄격히 말해 교훈주의는 어린이를 아직 성숙하지 못한 존재로 여기는 도덕과 교육 바탕 위에서 문학을 제공하려는 태도다. 문학으로 울림을 주는 '안으로부터의 깨달음'이 아니라 문학을 이용하여 교훈이라고 믿는 지식을 어린이에게 주입하려는 것으로 한정해야 한다.

쉽고 아름다운 우리 글

이오덕이 주장하는 삶을 가꾸는 문학 교육에서 중요한 또 한 가지 방법이 '우리 글 바로 쓰기'다. 이오덕이 1989년부터 적극 앞장서 시작한 이 운동은 신문과 방송을 비롯한 언론 매체에서 쓰는 언어, 행정부와 법조계에서 쓰는 언어, 무엇보다도 어린이문학에서 쓰는 언어에 큰 영향을 끼쳤다. 쉬운 우리 말과 우리 글을 바로 쓰자는 이오덕의 주장과 실천을 한쪽에서는 '보수적 언어민족주의자' '언어민중주의'라고 비판하기도 하지만,[27] 이들조차도 부분 문제만 지적하는 것이지 큰 틀에서는 이오덕이 1990년대를 거치며 열 해 넘게 우리 말과 글을 바로잡는 데 매우 크고 새로운 영향을 끼쳤음을 인정하고 있다. 그 영향이 워낙 커서 이오덕을 초등 교육자나 문학가보다 한글

---

27. 고종석(1999), 《감염된 언어》, 개마고원, 91~104쪽

학자, 국어 연구자, 우리 말과 글 바로 쓰기 운동가로 기억하고 있는 사람도 많다.

이오덕이 우리 말과 글을 바로 쓰고 우리 말법을 다시 살려야 한다며 내놓은 문체론은 1990년대 이후 어린이문학은 물론 우리 사회 여러 분야에 문체 혁명을 불러왔다.

1446년 세종대왕의 훈민정음 반포가 우리 겨레 정신사를 확 바꾸어 놓는 제1기 문체 혁명이요, 대한 제국 때 주시경이 이끈 한글 운동이 제2기 문체 혁명이라면, 1989년《우리 글 바로 쓰기》발간은 제3기 문체 혁명의 시작이라고 할 수 있다. 문체가 바뀌면 사회와 역사가 바뀐다는 관점에서 이오덕은 문체 교육을 문학 교육에서 가장 중요한 방법으로 보고 있다.

이오덕은 말과 글, 문학 교육의 민주화를 위해 어린이문학은 가장 아름답고 쉬운 우리 말과 글로 써야 한다고 하였다. 어린이들한테 주는 문학을 어린이가 읽을 수 없는 어려운 말로 쓰거나 잘못된 말법으로 써서는 안 된다고 하였다. "문학의 언어는 가장 대중적인 언어"[28] 여야 한다는 말처럼 어린이한테 주는 어린이문학은 모든 어린이가 쉽게 읽을 수 있도록 어린이 대부분이 쓰는 말로 써야 한다.

쉽고 바르고 아름다운 우리 말과 글을 가르치는 데 문학보다 더 좋은 길은 없다는 뜻에서 문학 교육은 우리 말과 글을 가르치는 몫까지 하고 있는 셈이다. 따라서 이오덕의 '삶을 가꾸는 문학 교육'을 온전히 이해하기 위해서는 우리 말과 글 바로 쓰기 운동과 실천을 그이가 주장한 문체론과 함께 살펴보는 연구가 필요하다. 그래야 이오덕의

---

28. 서종택 외(1992),《문학이란 무엇인가》, 청하, 13쪽

삶과 교육 사상, 문학 사상, 우리 말과 글을 바로 쓰기 위한 문체 사상, 이렇게 세 가지를 아울러 볼 수 있는 것이다.

나아가 이 시대를 살았던 이오덕이 일궈 낸 오늘, 이오덕이 만들고 싶어 하던 내일, 우리들이 이오덕과 함께 열어 가야 할 세상—어린이와 어른이 모두 자유롭고 평등하며 평화로운 삶을 살아가는 참세상을 밝혀 볼 수 있다.

이오덕이 꿈꾸는 세상 맺음말

지금까지 이오덕이 걸어온 길을 살펴보았다. 이오덕은 우리 겨레가 다른 민족한테 침략당해 고난을 겪던 때에 태어났고, 그 억압에서 풀려나는 기쁨도 느꼈다. 그러나 곧이어 민족 분단과 동족상잔과 독재 정권 때문에 겪어야 했던 모든 일을 보고 듣고 느끼며 살았다. 그 속에서 가장 힘없는 아이들이 겪어야 했던 아픔과 고통을 보았다. 대다수 부모들이 자본주의 경쟁에 물들어 자기 자식만 경쟁에서 이기면 된다는 생각으로 아이들을 몰아붙이고, 대다수 교육자들이 교육자로서 지켜야 할 품성을 버린 채 독재 정치의 시녀로 굴러떨어진 거짓 교육을 하며 아이들을 사람 아닌 사람으로 만드는 데 앞장서고, 대다수 어린이문학가들이 어린이문학을 자기만족을 위한 장난감으로 여기거나 상업주의에 빠져 어린이들을 외면하는 세상을 똑바로 보았다. 이렇듯 아이들을 무시하고, 아이들을 억압하고, 아이들을 이용하고, 아이들한테서 인간다운 삶을 빼앗는 어른들한테 맞섰다.

이오덕이 맞선 방법은 주로 말하기와 글쓰기와 만남이었다. 현장에서 보고 듣고 겪은 거짓 교육 내용과 잘못된 방법에 대해 끊임없이 비판하는 말을 하거나 글을 썼다. 그렇게 스스로 생각하고 실천한 참교육을 책으로 담아내서 부모와 교사 들에게 그 가능성을 보여 주었다. 또한 어린이를 버린 어린이문학, 어린이 삶을 해치고 짓밟는 문학이 무엇인가 자세히 살펴서 신문과 잡지에 꾸준히 발표하였다.

비판의 칼날은 같은 단체에서 활동하는 가까운 작가들까지도 피해 가지 않았다. 이 때문에 가깝게 지냈던 어린이문학 작가들한테까지 인신공격과 따돌림을 당해야 했다. 이오덕이 만든 단체 회원들이나 이오덕을 존경하고 따르는 사람들까지도, 아니 그런 사람일수록 그 사람이 조그만 잘못이라도 하면 이오덕은 더 날카롭게 지적하고 비판하였다. 그 때문에 많은 사람들이 마음에 상처를 입고 이오덕을 떠나기도 했다.

가까운 사람에 대한 비판은 비판을 받는 사람이나 하는 사람 모두에게 가슴 아픈 일이다. 그러나 이오덕은 그런 아픔을 피하지 않았고, 멈추지 않았다. 우리 교육 현장과 어린이문학계에서 가장 큰 병폐가 바로 자기하고 잘 안다고 해서 잘못을 감싸고 덮어 주고 막아 주는 풍토라고 보았기 때문이다. 우리 나라에 독재와 부정이 판치는 까닭이 바로 지연과 학연을 비롯한 자기 인맥을 챙기며 서로 보호하기 때문이라고 보았기 때문이다. 그래서 이오덕은 가까운 사람일수록, 참교육을 한다는 사람일수록, 올바른 어린이문학을 하고 싶다는 사람일수록, 좋은 어린이책을 내고 싶다는 출판사일수록……, 잘못이라고 생각하면 더 꼼꼼하고 날카롭게 지적하고 비판하였다.

이오덕이 그런 아픔을 무릅쓰며 어린이 교육, 어린이문학, 우리 말과 글을 쓰는 이 사회 모든 영역에서 일어나는 잘못을 비판하고 고쳐 나갈 것을 끊임없이 주장한 까닭은 이 땅에 사는 어린이들을 사랑했기 때문이다. 어린이들이 자유롭고 평등하며 평화롭게 살 수 있는 참

세상을 만드는 데 교육과 문학이 빛이 되기를 바랐다. 지구촌 모든 생명들이 온 우주의 교감 속에 평화롭게 노래하며 살아가는 삶을 위한 교육과 문학을 꿈꾸었다. 나아가 어린이 교육과 문학으로 그 꿈을 이룰 수 있을 것이라고 믿었다.

우리 어린이와 겨레의 참된 삶을 위하여, 인류와 지구촌 생태계의 평화로운 내일을 위하여 이 땅에 참교육과 문학이 꽃필 수 있기를 기대한다. 이오덕이 꿈꾸는 세상에 더 많은 사람들이 함께하기를 바란다.

추천하는 글
이오덕 해적이
이오덕이 남긴 책
참고 문헌

안동 대곡분교 백석현 그림

추천하는 글

알다시피 이오덕 선생님은 오직 어린이의 참삶을 위해 평생을 바친 분입니다. 선생님이 평생토록 힘써 해 온 일은 크게 세 가지로, 교육과 어린이문학과 우리 말 운동이 그것입니다. 물론 이 세 가지 일은 따로 떼어 놓고 생각할 수 없습니다. 교육은 말할 것도 없고, 어린이문학도 우리 말 운동도 다 삶을 가꾸는 일로 한 덩어리가 되어 있습니다.

선생님이 우리 곁을 떠난 지 여러 해가 지났지만 그 자취는 날이 갈수록 뚜렷하고 새롭습니다. 그 우뚝한 생각에 고개를 끄덕이며 뜻을 이어받고 실천하려는 움직임도 꾸준히 이어져 왔습니다. 반갑고 고마운 일입니다. 나부터 그렇지만, 세상이 점점 나빠지고 어린이들 삶이 힘겹게 될수록 참되고 올곧은 목소리가 더 그리워지나 봅니다.

그런 움직임을 보며 한 가지 안타까웠던 것은, 이오덕 선생님을 소개하는 자료가 많지 않다는 사실이었습니다. 누구든지 읽고 쉽게 이해할 수 있는 길잡이 책이 있었으면 좋겠다는 바람은 이래서 매우 절실했습니다. 이는 선생님의 삶과 생각을 새로 알고자 하는 사람, 더 자세히 알기를 바라는 사람, 다시 확인하고 싶어 하는 사람에게 두루 필요한 일이었습니다.

　이 책《이오덕, 아이들을 살려야 한다—어린이문학과 교육 사상》은 바로 그 목마름을 풀어 주는 책입니다. 이주영 선생님은 이미 몇 해 전에《이오덕 삶과 교육 사상》(2006. 나라말. 절판)이라는 책을 낸 바 있습니다. 그 책은 제목이 말해 주듯이 이오덕 선생님 삶과 교육에 대한 생각을 다룬 것입니다. 귀하고 알찬 책이지만 문학에 관한 내용이 빠진 것이 조금 아쉬웠는데, 이 책이 나옴으로써 그 아쉬움까지 다 채우게 됐습니다. 기쁘고 반가운 일입니다.

　이 책에 실린 글은 크게 세 덩어리로 되어 있습니다. 첫째는 이오덕 선생님 삶에 관한 글입니다. 선생님이 태어나서 세상을 떠날 때까지, 어디서 무엇을 하며 어떻게 살아왔는지 아주 자세하게 밝혀 놓았습니다. 읽어 보니 그 어떤 평전 못지않게 생생하고 감동스럽습니다. 글쓴이의 감상은 거의 내보이지 않고 사실 그대로를 담담하게 적어 놓았지만 그것이 오히려 가슴을 울립니다. 주인공의 삶이 워낙 참되어서 그럴까요?

　그러고 보니 문득 생각나는 일이 하나 있습니다. 이오덕 선생님이 돌아가신 뒤 여러 매체에서 선생님의 해적이(연보)를 달라고 한 적이 있습니다. 그때 우리는 적잖이 당황했습니다. 왜냐하면 그때까지 아무도 그런 것을 간추려 놓지 못했기 때문입니다. 이주영 선생님이 그것을 가장 안타까워했고, 그 뒤로 온 나라를 샅샅이 뒤져 선생님 삶의 자취를 찾아 정리하는 데 앞장섰습니다. 이 글은 바로 그 수고의 열매입니다. 이주영 선생님이 아니었던들 우리는 어쩌면 아직까지 선생님의 변변한 해적이조차 마련해 두지 못했을지 모릅니다.

　둘째는 이오덕 선생님의 교육 사상에 대한 글입니다. 교육이야말로 선생님이 힘쓴 일 가운데 첫째가는 고갱이라 할 수 있기에 이 글의 무게는 상당합니다. 글쓴이는 선생님의 교육 사상을 민주 교육, 민족 교육, 인간 교육, 일과 놀이 교육, 생명(생태) 교육, 이렇게 다섯 가지로 나누어 그 얼개를 밝혀 놓았습니다. 이 글을 읽으면 선생님의 교육 사상이 칠팔십 년대를 거치면서 우리 교육 수준을 한층 끌어올린 '참교육' 운동에 바탕이 되었음을 알 수 있습니다. 이 한 가지만으로도 이 글의 값어치는 높이 매겨져야 할 것입니다.

셋째는 이오덕 선생님의 문학 사상을 다룬 글입니다. 짐작건대 글쓴이가 가장 공들여, 또 단단히 마음먹고 쓴 글인 듯합니다. 나는 이 글을 읽으면서 몇 번인가 무릎을 치고 감탄했습니다. 누구든지 이 글을 읽어 보면 왜 이주영 선생님을 가리켜 타고난 비평가라고 하는지 알게 될 것입니다. 주장은 뚜렷하고 논증에는 빈틈이 없으며 눈길은 알맹이를 놓치는 법이 없습니다. 그러나 무엇보다도 큰 힘은 진정성에 있습니다. 온 힘과 정성을 다해 독자를 설득하는 이 글에서 감동을 느끼지 않을 사람은 없을 것입니다. 비록 그 주장에 동의하지 않는 사람일지라도.

글은 먼저 동시론에서 시작됩니다. 이오덕 선생님과 박목월 선생님의 동시관을 견주는, 이 독창성 있는 글에서 우리는 참된 동시와 어린이 시에 대한 생각을 뚜렷이 가다듬을 수 있습니다. 그다음에는 1970년대 '베낀 시'와 '흉내 낸 시' 비평과 1980년대 이른바 '이념 공격'을 다룬 글이 이어집니다. 선생님의 외롭고 눈물겨운 싸움을 다룬 이 대목은 거짓에 맞서 참을 지키는 일이 얼마나 어려운지 생생하게 보여 줍니다.

그다음에는 1990년대 말에서 2000년대 '일하는 아이들'과 '유희 정신'에 얽힌 논쟁 과정이 다루어집니다. 글쓴이는 균형 잡힌 눈길로, 그러나 확신을 가지고 이오덕 선생님의 굳건한 믿음과 철학을 우리에게 오롯이 전해 줍니다. 나는 이 과정이 큰 '같음' 속에서 작은 오해로 빚어진 일이라고 생각하지만 그 생채기는 보기보다 깊었던 것 같습니다. 앞으로 그 생채기를 아물리고 '같음'의 자리를 더 넓혀 나가는 것이 우리 앞에 놓인 숙제이자 선생님 뜻을 더 크게 펼치는 길일 것입니다.

이주영 선생님이 머리말에 밝혀 놓은 것처럼 이 책에 실린 글은 학위 논문에서 뽑아 간추린 것입니다. 나는 여태 학위 논문이라고 하면 죄다 어렵고 재미없고 딱딱하고 지겨운, 그러면서도 쓸모라고는 별로 없는 글인 줄만 알았습니다. 그런데 이게 웬일입니까? 이렇게 재미있고 쓸모 있는 논문이 다 있다니요! 게다가 글은 아주 쉽습니다. 어려운 한자 말과 들온말, 별 뜻도 없이 분칠한 '학술 용어' 따위는 눈을 씻고 봐도 없습니다. 나는 여태 이렇게 깨끗한 말로 쉽게 쓴 논문은 함석헌, 백기완, 이오덕 선생님 것 말고는 본 적이 없습니다.

이 책은 이오덕 선생님이 쌓아올린 귀중한 생각을 온전하게 거두어 담은 튼튼한 그릇입니다. 보탤 것도 뺄 것도 없이 선생님의 삶, 그리고 교육과 문학에 관한 생각은 이런 것입니다, 하고 세상에 내놓을 만한 책입니다. 이로써 우리는 이제 원을 거의 덜었습니다. '모두'라고 하지 않고 '거의'라고 하는 까닭은 우리 말 운동을 다룬 글이 아직 넉넉하지 않아 아쉽기 때문입니다. 앞으로 이주영 선생님, 또는 다른 분이 그런 책도 써 주기를 바라며, 반갑고 고마운 마음에 몇 마디 붙였습니다. 이 주제넘은 글이 행여 이오덕 선생님과 이주영 선생님께 누가 되지 않기를 바랄 뿐입니다.

2011년 11월
서정오

이오덕 해적이

1900년 무렵

유교 집안에서 홀로 기독교를 믿게 된 이오덕의 아버지 이규하가 좀 더 자유로운 신앙 생활을 위해 월성 이씨가 모여 살던 경북 의성군 사곡면 우평리를 떠나 경북 청송군 현서면 구석들(덕계리) 574번지로 솔가함. 친가는 따라오지 않고 처가 형제 일곱 남매가 따라옴. 1904년 현서면 구산 1리 89-3에 대한예수교장로회 화목교회를 세우고 장로 일을 보며, 청송군 일대 전도 사업을 적극 주도함.

1925

11월 14일, 경북 청송군 현서면 구석들(덕계리)에서 독실한 기독교인 아버지 이규하와 어머니 정작선 사이에서 태어남. 위로 누나가 셋 있음(순조, 도선, ○○). 어려서부터 대한예수교장로회 화목교회에 다녔고, 주일 학교에서 '고향의 봄, 반달, 집 보는 아이' 같은 노래를 배웠고, 동화 선생님한테 동화 구연을 많이 들었다고 함.

1933(8살)

4월 1일, 화목공립심상소학교 입학. 어머니가 돌아가시고 누나들 보살핌으로 자람. 소학교 성적은 우수했으나 수학이 부족하였음. 조용한 성격으로 친구는 많지 않았으며, 여러 사람 앞에 나가서 말하기를 부끄러워했음. 글을 잘 쓰고 염소 키우기를 좋아하였음. 선생님이 수업 시간에 들려주신 '장발장' 이야기에 감동받았다고 함.

1939(14살)

3월 8일, 화목소학교 졸업. 집에서 농사를 도우면서 독학. 중학교에 갈 형편이 안 되기도 했지만 스스로 갈 필요를 느끼지 않았다고 함. 친구가 빌려 준 《몽테크리스토 백작》을 읽고 감동받아 문학책을 읽기 시작했음.

1941(16살)

4월 8일, 경북 영덕군 영덕공립농업실수학교에 들어감. 공부보다 일을 많이 했지만 학교 생활을 열심히 했다고 함. 2학년 1학기 때 성적 통지서를 보면 석차 1위임.

1943(18살)

3월 25일, 영덕공립농업실수학교 졸업. 성적이 뛰어나 군청 직원으로 특채됨. 군청 직원 일을 하면서 학교에서 뛰어노는 아이들을 보고 교사가 천직이라는 생각이 들어서 교사가 되기로 결심하고 독학을 함.

1944(19살)

2월 11일, 구제 3종 교원 시험에 합격함. 옆집 강위생과 혼인함. 제적등본에는 혼인 신고일이 1945년 3월 15일로 되어 있음. 둘째 누나와 친지들 증언으로는 부동초등학교로 부임하게 되어서 급히 결혼을 했다고 함.

4월 7일, 경북 청송군 부동면 부동공립초등학교 촉탁 교원으로 부임. 업무는 서무 담당. 월급 42원 받음. 교사가 되고 보니 생각했던 것과 달리 일제 식민지 교육에 시달리게 됨. 집은 화목에 있고 부동학교 관사에서 자취를 했음.

1945(19살)

해방이 되고 12월 31일, 모교인 화목공립초등학교 교사로 부임. 교무를 담당함. 화목교회 주일 학교 교사.

1946(21살)

8월 6일, 맏아들 정우 태어남. 권정생이 외가에 와서 화목교회 옆에 살면서 교회와 화목초등학교를 다님.

1947(22살)

가정불화로 이오덕 홀로 집을 떠나 7월 31일, 화목면 수락공립초등학교로 옮김, 교무 업무를 담당함.

1948(23살)

6월 30일, 수락초등학교를 떠나 부산으로 도피함. 장학회 명덕애육원(윤효량 사가)에서 우영찬(1952년 군북중학교 교감으로 먼저 갔음)과 함께 생활함.

7월 15일, 남부민공립초등학교 교사로 부임. 도서 업무를 담당함. 부산에서 생활할 때 국제시장 길거리에서 교육에 도움이 되는 좋은 책들을 많이 샀다고 함.

1949(24살)

8월 1일, 초등학교 2급 정교사 자격증(제6376호) 받음.

1950(25살)

2월 19일, 아버지 이규하 돌아가심. 이오덕은 장례에 참석 못 하고 밤중에 몰래 귀가하여 조문하고 옴. 고향에 있던 당숙이 재산을 임의로 처분함.

1951(26살)

8월 31일, 부산 동신초등학교로 전근, 연구 업무를 담당함.

1952(27살)

3월 31일, 부산 동신초등학교 사표. 이 무렵 윤이상한테 피아노를 배운 것으로 추측함.
11월 27일, 경남 함안군 군북중학교(재단법인 명덕육영회, 이사장 윤효량) 국어 교사로 부임. 교무와 훈육 업무를 담당함. 군북중학교는 사립으로 군대 천막을 교실로 썼음. 당시 교장 이태길(현 광복회 부산지부 회장)은 이오덕을 국어를 참 열심히 잘 가르쳤던 선생님으로 기억함. 중학생들 글을 모아 〈학생 문집〉을 만들었음.

1954(29살)

한국아동문학회 창립에 회원으로 참여함. 이원수와 교류.

1955(30살)

이원수가 발간하던 〈소년 세계〉에 동시 '진달래'를 발표하며 등단.

1957(32살)

5월 1일, 군북중학교 교감으로 발령, 1급 1호봉.
5월 30일, 군북중학교 교감 사표. 아들이 고아원에 있다는 소식을 누나에게 들음. 누나 집에서 가까운 상주군 청리면 청하리 778번지로 이사하고, 아들 정우를 데려와 함께 생활함.
6월 20일, 경북 상주군 청리면 공검초등학교로 부임, 교무 업무 담당. 글쓰기 교육을 열심히 했으며, 어린이 문집 발간. 사법 시험을 위해 독학.

1958(33살)

7월 30일부터 8월 20일까지 초등학교 1급 정교사 자격 검정을 위해 강습(150시간) 이수.

1959(34살)

초등학교 1급 정교사 자격증 받음(제515호). 3월 31일, 경북 상주초등학교로 전근, 상주교육연구소에서 출판 보급 업무 담당. 이 무렵 지병인 신장병이 악화되어 일 년 정도 집에서 아들과 함께 투병 생활을 함. 식량과 약을 사기 위해 갖고 있던 명화들을 대구 화상에 내다 팔음.

7월 11일, 그동안 별거하던 첫 부인 강위생과 합의 이혼.
11월 23일, 누나 주선으로 한화자와 재혼하였으나 두 달 정도 병간호를 하다가 돌아갔음.

1961(36살)
10월 10일, 상주군 청리초등학교로 복직, 교무 업무 담당. 같은 아이들을 2학년부터 4학년까지 담임하면서 삶을 가꾸는 글쓰기 교육을 연구하고 실천하였음. '봄이 오면' '흙의 어린이' 같은 제목으로 학급 문집을 여러 권 만들었고, 그림 지도를 많이 하였음. 이때 교육이 가장 좋았다고 함. 어린이 잡지와 〈새교실〉을 비롯한 교육 잡지에 투고.

1962(37살)
12월 23일, 한화자와 합의 이혼(사실상 재혼이 실패한 상태로 있다가 이때 서류 정리).

1963(38살)
8월 8일, 경북글짓기교육연구회(회장 김동극) 창립에 참여함.

1964(39살)
1월 25일, 대구교육대학교 부설 초등교원연수원 정규반(360시간) 수료. 이틀 뒤 초등학교 교감 자격증(제571호) 받음.
10월 1일, 상주군 이안서부초등학교 교감으로 부임. 2학년 어린이 시 문집 '유리창' 발간.

1965(40살)
첫 번째 책인 글짓기 교육 이론서 《글짓기 교육—이론과 실제》 출판.

1966(41살)
첫 번째 동시집 《별들의 합창》 출판.

1967(42살)
교감으로는 어린이 교육을 제대로 할 수 없고, 업무도 마음에 들지 않아 교감직을 반납. 3월 1일, 경주초등학교 교사로 부임함. 교육청에서 교감직을 반납 받는 대신 예우 차원으로 도시 학교로 보낸 것임.
12월 15일, 교육 잡지 〈새교실〉에 투고한 글을 계기로 알게 된 경기도 김포군 고촌초등학교 교사 이인자와 재혼.

1968(43살)

3월 1일, 도시 학교에서는 교육을 제대로 할 수 없나고 생각하여 산골이 많은 안동군으로 전보 내신을 하여 안동군 동부초등학교 대곡분교로 옮김. 부부 교사로 가서 함께 근무함.

6월 29일, 둘째 아들 현우 태어남.

1969(44살)

두 번째 동시집《탱자나무 울타리》출판.

1971(46살)

1월 1일,〈동아일보〉신춘문예에 동화 '꿩' 당선,〈한국일보〉에 수필 '포플러' 당선.

2월, 한국아동문학가협회(회장 이원수) 창립에 참여.

3월 1일, 대구시 비산초등학교로 발령받음.

4월 1일, 도시 학교에 근무하는 것보다 산골 학교 교감으로라도 가는 게 좋겠다는 생각으로 교감 발령을 신청하여 문경군 김룡초등학교 교감으로 감.

1972(47살)

10월 15일, 딸 연우 태어남. '강아지똥'을 읽고 권정생을 찾아가 만남. 맏아들 정우와 노금옥 결혼. 교장 자격증(본8821호) 받음.

1973(48살)

3월 1일, 경북 봉화군 삼동초등학교 교장으로 부임. 어린이 시 지도 이론서인《아동시론》출판.

1974(49살)

세 번째 동시집《까만 새》출판.

1975(50살)

4월 10일, 손자 상준(지성) 태어남.

7월 20일, 한국아동문학가협회에서 펴낸《동시, 그 시론과 문제성》에 '표절 동시론'을 게재한 것을 송명호가 명예 훼손죄로 고소함.〈조선일보〉〈한국일보〉에 보도됨.

9월 20일, 회장 이원수가 해명서를 신문에 내고, 이오덕이 사과함.

여름 방학 때 염무웅 교수한테 월북 작가 오장환이 번역한 에세닌 시집과 이용악 시집을 빌려 주었는데, 그것을 복사해 신경림과 백낙청 교수한테 돌린 것이 걸려서 12월 2일 중앙정보부에 끌려가 며칠 조사받고, 그동안 모아 놓았던 책을 많이 빼앗김(염무웅 교수 증언).

1976(51살)
어린이문학 평론 '부정의 동시'로 제2회 한국아동문학상 받음.
3월 1일, 안동군 길산초등학교 교장으로 부임.
3월 4일부터 〈영남일보〉에 '모작 동시론' 연재. 자유실천문인협회 활동, 창작과비평사에서 펴내는 〈창비 아동문고〉 기획 및 선정 위원으로 활동.

1977(52살)
아동문학 평론집 《시정신과 유희정신》 출판. 교육 수상집 《이 아이들을 어찌할 것인가》 출판.

1978(53살)
11월 29일, 경북 대구시 남구 봉덕동 1270-19번지로 이사. 교육 수상집 《삶과 믿음의 교실》, 어린이 시 모음 《일하는 아이들》 출판.

1979(54살)
2월 16일, 손녀 지선 태어남.
3월 1일, 안동군 대성초등학교 교장으로 부임. 문집 '칠리덩굴' 엮음.
8월 3일, 경북글짓기교육연구회 회장 맡음. 동시집 《꽃 속에 묻힌 집》 엮음. 어린이 시 모음 《우리도 크면 농부가 되겠지》 출판.

1980(55살)
5월, 서울양서협동조합 산하 어린이도서연구회 지도 위원 맡음. 한국아동문학가협회 부회장.

1981(56살)
네 번째 동시집 《개구리 울던 마을》 출판.

1982(57살)
3월 1일, 경북 성주군 대서초등학교 교장으로 부임. 합동기획 출판사 어린이책 기획 위원으로 동화집 《황소 아저씨》 엮음.

1983(58살)
8월 20일, 한국글쓰기교육연구회 결성, 대표 이사를 맡음. 어린이에게 보내는 편지 《울면서 하는 숙제》, 수필집 《거꾸로 사는 재미》 출판. 도서출판 인간사 어린이책 기획 위원, 동화집 《까마귀 아저씨》 엮음. 어린이문학 부정기 간행물 〈살아 있는 아동문학〉 기획 편집.

1984(59살)

〈이원수 아동문학 전집〉 기획과 편집 주관. 경북아동문학연구회 만듦. 아동문학 평론집 《어린이를 지키는 문학》, 어린이 시 모음 《참꽃 피는 마을》, 어린이 글 모음 《우리 반 순덕이》 《이사 가던 날》 《나도 쓸모 있을걸》 《웃음이 터지는 교실》, 글쓰기 교육 이론서 《삶을 가꾸는 글쓰기 교육》 출판, 수필집 《산 넘고 물 건너》 엮음. 일본 어린이 시 모음 《어린이 시》 번역 출판.

1985(60살)

〈연합통신〉에서 보낸 '동화에도 민중 교육 침투, 좌경 의식화 교육'이라는 비난 기사가 몇몇 언론 매체에 보도됨. 맏아들 정우, 권정생, 전우익을 비롯한 여러 사람이 안동농민회관 앞 개울에서 마련한 이오덕 회갑 모임에 가려고 했으나 경찰 제지로 참석 못 함. 교육 민주화 활동에 대한 보복 조치로 교육청에서 학교 감사를 수시로 나옴.

햇빛출판사 어린이책 기획, 동화집 《구구단과 까치밥》 엮음. 어린이문학 부정기 간행물 〈지붕 없는 가게〉 기획 편집.

1986(61살)

1월, 한국글쓰기교육연구회 대표 이사로 재선됨.

2월 28일, 대서초등학교 교장에서 퇴임(교육청에 명예 퇴임을 신청했으나 반려되고 일반 퇴직으로 처리됨. 교장 퇴임을 할 때 관례로 주던 훈장 '석류장'도 주지 않았다가 나중에 전달함). 경기도 과천시 주공아파트 1단지 206호로 이사 옴.

5월 15일, 민주교육실천협의회 공동 대표(이오덕, 성내운, 문병란) 맡음.

어린이 글 모음 《봉지 넣는 아이들》 출판, 교육 수필집 《우리 언제쯤 참선생 노릇 한번 해 볼까》 엮음, 지식산업사 어린이책 기획, 글쓰기 지도서 《글쓰기, 이 좋은 공부》 출판, 어린이 글 모음 《산으로 가는 고양이》 엮음. 어린이문학 부정기 간행물 〈겨레와 어린이〉 기획 편집.

1987(62살)

8월 22일 결성한 전국초등민주교육협의회 준비 모임 참여, 자문 위원 맡음.

교육 수필집 《이 땅에 살아갈 아이들 위해》 《삶, 문학, 교육》, 동화집 《종달새 우는 아침》 출판, 종로서적 출판사 어린이책 기획, 다섯 번째 동시집 《언젠가 한번은》 출판.

1988(63살)

4월, 제3회 단재상 받음(한길사 주최). 어린이 글쓰기 지도서 《어린이는 모두 시인이다》 출판.

과천에 '우리 말 연구소' 만듦. 어린이문학 부정기 간행물 〈아이들 나라〉 기획 편집.

1989(64살)

10월 29일, 한국어린이문학협의회(회장 이오덕) 결성.

우리 말 바로 쓰기 운동의 기폭제가 된《우리 글 바로 쓰기》출판,《이오덕 교육일기》1, 2 출판, 교육 수필집《탁류 속을 가는 선생님들》엮음.

1990(65살)

민족문학작가협의회 아동문학분과위원회 맡음. 교육 수필집《참교육으로 가는 길》출판.

1991(66살)

1월, 한국글쓰기교육연구회 회장을 맡음.

교육 전문 잡지 월간〈우리 교육〉편집 자문 위원 맡음. 민족문학작가회의 회원들이 쓴 동시집《통일은 참 쉽다》엮음, 어린이 글 모음《우리 집 토끼》출판,〈남북 어린이가 함께 보는 창작 동화〉1~5권 엮음.

1992(67살)

《우리 글 바로 쓰기》1, 2,《우리 문장 쓰기》출판. 박문희가《우리 문장 쓰기》를 읽고 실천한 '마주이야기 교육' 사례 발표회 참관, 마주이야기 교육 과정과 결과물 출판 추진.

1993(68살)

3월 6일, 서울 시내 초등학교 교사들이 중심이 되어 제자들을 위한 장학금을 모아서 나눠 주는 초원봉사회(회장 유승룡) 고문 맡음.

우리말살리는모임(회장 이오덕) 만듦. 6월 16일,〈우리 말 우리 글〉제1호 펴냄.

글쓰기 교육 이론서《글쓰기 어떻게 가르칠까》, 어린이 글쓰기 지도서《신나는 글쓰기》《우리 모두 시를 써요》《와아 쓸 거리도 많네》《이렇게 써 보세요》《어린이 시 이야기 열두 마당》, 동화집《버찌가 익을 무렵》출판.

1994(69살)

어린이를 위한 우리 말 바로 쓰기 지도서《어린이 글 이야기》출판.

1995(70살)

1월, 한국글쓰기교육연구회와 우리말살리는모임을 합쳐서 한국글쓰기연구회 만듦.

글쓰기 교육 이론서《무엇을 어떻게 쓸까?》출판.

1996(71살)

남북어린이어깨동무 자문 위원 수락. 노동자 글쓰기 안내서《일하는 사람들의 글쓰기》, 교육 수필집《어린이를 살리는 글쓰기》출판.

1997(72살)

7월 4일, 어린이도서연구회 법인 설립 이사 맡음.
어린이를 위한 우리 말 바로 쓰기 책《우리 말로 살려 놓은 민주주의》출판.
마주이야기교육연구소 설립 지도 및 지원.

1998(73살)

우리말살리는겨레모임 결성, 공동 대표(이대로, 이오덕, 김경희) 맡음.
30년 전 청리초등학교에서 가르친 어린이들 시 모음《허수아비도 깍꿀로 덕새를 넘고》출판.

1999(74살)

5월 30일, 전교조 합법화 이후 첫 번째 참교육상(통상 제8회)을 받음.
5월 31일, 주소를 충북 충주시 신니면 광월리 710번지 무너미 마을로 옮김(맏아들 집).
증손자 정선 태어남. 7월 4일, 어린이도서연구회 자문 위원 수락.

2000(75살)

출판사 '아리랑 나라' 등록.

2001(76살)

동요 평론집《권태응 동요 이야기―농사꾼 아이들의 노래》, 일본 초, 중, 고등학교 학생 시 100편을 옮긴《한 사람의 목숨》출판.

2002(77살)

10월, 대한민국 은관문화훈장 받음(문화관광부 주최).
《일하는 아이들》복간, 문학과 교육 수필집《문학의 길 교육의 길》, 어린이책 비평집《어린이 책 이야기》, 수필집《나무처럼 산처럼》출판, 동화집《버찌가 익을 무렵》복간.

2003(78살)

8월 25일, 새벽 6시 50분경 돌아가심.
8월 27일 11시, 충북 충주시 무너미 마을 고든박골에 묻힘.

이오덕이 남긴 책

글쓰기 교육

《글짓기 교육—이론과 실제》, 아인각, 1965
《삶을 가꾸는 글쓰기 교육》, 한길사, 1984 (2004년 보리출판사에서 다시 펴냄)
《어린이 시》, 온누리, 1984 (일본 교사 요시다 미즈코가 쓴 시 지도 사례를 옮김)
《글쓰기, 이 좋은 공부》, 지식산업사, 1986
　　(1993년《이오덕 글쓰기 교실 1—신나는 글쓰기》로 다시 펴냄)
《어린이는 모두 시인이다》, 지식산업사, 1988
　　(1993년《이오덕 글쓰기 교실 2—우리 모두 시를 써요》로 다시 펴냄)
《글쓰기 어떻게 가르칠까》, 보리, 1993 (1996년 고침판 펴냄)
《이오덕 글쓰기 교실 3—와아 쓸 거리도 많네》, 지식산업사, 1993
《이오덕 글쓰기 교실 4—이렇게 써 보세요》, 지식산업사, 1993
《이오덕 글쓰기 교실 5—어린이 시 이야기 열두 마당》, 지식산업사, 1993
《이오덕 글 이야기》, 산하, 1994
《무엇을 어떻게 쓸까》, 보리, 1995 (1996년 고침판 펴냄)
《어린이를 살리는 글쓰기》, 우리교육, 1996

동시, 동화

《별들의 합창》, 아인각, 1966
《탱자나무 울타리》, 보성문화사, 1969
《까만 새》, 세종문화사, 1974 (2005년 아리랑나라에서 다시 펴냄)
《개구리 울던 마을》, 창작과비평사, 1981
《종달새 우는 아침》, 종로서적, 1987 (2007년 굴렁쇠에서 다시 펴냄)
《언젠가 한번은》, 대교, 1987
《버찌가 익을 무렵》, 효리원, 2002
《감자를 먹으며》, 낮은산, 2004
《꿩》, 효리원, 2005
《고든박골 가는 길》, 실천문학사, 2005

《무너미 마을 느티나무 아래서》, 한길사, 2005
《철이에게》, 처음주니어, 2009
《이오덕 노래 상자—노래처럼 살고 싶어》, 보리, 2010
  (이오덕 시와 아이들 시로 백창우가 만든 노래 모음)
《이오덕 교육문고 5—이 지구에 사람이 없다면 얼마나 얼마나 아름다운 지구가 될까?》, 고인돌, 2011

어린이문학 비평, 이론

《아동시론》, 세종문화사, 1973
《시정신과 유희정신》, 창작과비평사, 1977 (2005년 굴렁쇠에서 다시 펴냄)
《어린이를 지키는 문학》, 백산서당, 1984
  (2005년 아리랑나라에서, 2010년 고인돌에서《이오덕 교육문고 2—삶을 가꾸는 어린이문학》으로 다시 펴냄)
《권태응 동요 이야기—농사꾼 아이들의 노래》, 소년한길, 2001
《문학의 길 교육의 길》, 소년한길, 2002
《어린이책 이야기》, 소년한길, 2002
《어린이를 살리는 문학》, 청년사, 2008
《동화를 어떻게 쓸 것인가》, 삼인, 2011

수필, 편지

《이 아이들을 어찌할 것인가》, 청년사, 1977
  (1부는 1990년《참교육으로 가는 길》4부로 옮겨 실음)
《삶과 믿음의 교실》, 한길사, 1978
《거꾸로 사는 재미》, 범우사, 1983 (2005년 산처럼에서 다시 펴냄)
《울면서 하는 숙제》, 인간사, 1983 (1988년 산하출판사에서 다시 펴냄)
《우리 언제쯤 참선생 노릇 한번 해 볼까》, 한길사, 1986
《이 땅에 살아갈 아이들 위해》, 지식산업사, 1987
《삶, 문학, 교육》, 종로서적, 1987
《이오덕 교육 일기》 1, 2, 한길사, 1989
《참교육으로 가는 길》, 한길사, 1990
  (2010년 고인돌에서《이오덕 교육문고 1—민주 교육으로 가는 길》로 다시 펴냄)
《나무처럼 산처럼》, 산처럼, 2002

《살구꽃 봉오리를 보니 눈물이 납니다》, 한길사, 2003
《아이들에게 배워야 한다》, 길, 2004
《나무처럼 산처럼 2》, 산처럼, 2004
《내가 무슨 선생 노릇을 했다고》, 삼인, 2005
《이오덕 교육문고 3―어머니들에게 드리는 글》, 고인돌, 2010
《이오덕 교육문고 4―교사와 학부모님께 드리는 글》, 고인돌, 2011

우리 말 살리기

《우리 글 바로 쓰기》, 한길사, 1989
 (1992년 《우리 글 바로 쓰기 1》로 고침판 펴냄)
《우리 글 바로 쓰기 2》《우리 문장 쓰기》, 한길사, 1992
《우리 글 바로 쓰기 3》, 한길사, 1995
《우리 말로 살려 놓은 민주주의》, 지식산업사, 1997
《우리 말 살려 쓰기 하나》《우리 말 살려 쓰기 둘》, 아리랑나라, 2004
《우리 말 살려 쓰기 셋》, 아리랑나라, 2005
《우리 글 바로 쓰기 4》《우리 글 바로 쓰기 5》, 한길사, 2009

이오덕이 가르친 어린이 글 모음

《일하는 아이들》, 청년사, 1978 (2002년 보리출판사에서 고침판 펴냄)
《우리도 크면 농부가 되겠지》, 청년사, 1979
 (2005 아리랑나라에서 《우리도 크면 농사꾼이 되겠지》로 다시 펴냄)
《참꽃 피는 마을》, 온누리, 1984
《우리 반 순덕이》《이사 가던 날》《나도 쓸모 있을걸》《웃음이 터지는 교실》《우리 집 토끼》, 창작과비평사, 1984 (1991년 고침판 펴냄)
《봉지 넣는 아이들》, 온누리, 1986
《허수아비도 깍꿀로 덕새를 넘고》, 보리, 1998
《입으로 말한 시》, 아리랑나라, 2005
《우리도 크면 농부가 되겠지》《방학이 몇 밤 남았나》《꿀밤 줍기》《내가 어서 커야지》, 보리, 2005 (1979년 펴냈던 책에서 봄, 여름, 가을, 겨울에 쓴 글을 나누어 따로 펴냄)
《일하는 아이들이 그린 봄 여름 가을 겨울》, 보리, 2008 (그림 모음)

이오덕이 엮은 다른 이들 글

《꽃 속에 묻힌 집》, 창작과비평사, 1979 (이종욱 함께 엮음)
《황소 아저씨》, 합동기획, 1982
《까마귀 아저씨》, 인간사, 1983
《산 넘고 물 건너》, 그루, 1984
《구구단과 까치밥》, 햇빛, 1985
《산으로 가는 고양이》, 온누리, 1986 (김녹촌, 김상문, 최춘해 함께 엮음)
《탁류 속을 가는 선생님들》, 동광출판사, 1989 (이상경 함께 엮음)
《이상한 선생님》《정말 바보일까요》《세 번째 소원》《통발신을 신었던 누렁소》《돌아오지 않는 까뻬》, 사계절, 1991 (남북 어린이가 함께 보는 창작 동화 시리즈)

참고 문헌

단행본

강문희 외(1997), 《아동문학 교육》, 학지사
고종석(1999), 《감염된 언어》, 개마고원
교육인적자원부(2002), 《초등학교 국어 교사용 지도서》, 대한교과서
김봉군 외(1982), 《길을 밝히는 사람들》, 한샘
김윤식 외(1998), 《내 스무 살을 울린 책》, 작가정신
김정의(1992), 《한국 소년 운동사》, 민족문화사
뉴 톰슨 관주 주석 성경 편찬위원회(1985), 《뉴 톰슨 관주 주석 성경》, 성서교재간행사
박목월(1957), 《동시 교실—지도와 감상》, 아데네사
　　　(1963), 《동시의 세계》, 배영사
박문희(2000), 《마주이야기 시 1—침 튀기지 마세요》, 고슴도치
　　　(2009), 《마주이야기, 아이는 들어 주는 만큼 자란다》, 보리
서종택 외(1992), 《문학이란 무엇인가》, 청하
안경식(1999), 《소파 방정환의 아동 교육 운동과 사상》, 학지사
원종찬(2001), 《아동문학과 비평 정신》, 창작과비평사
　　　(2004), 《동화와 어린이》, 창작과비평사
이오덕 외(1978), 《내가 걷는 길》, 청조사
이오덕, 권정생(2003), 《살구꽃 봉오리를 보니 눈물이 납니다》, 한길사
이재복(1995), 《우리 동화 바로 읽기》, 한길사
　　　(2004), 《우리 동화 이야기》, 우리교육
이재철(1978), 《한국 현대 아동문학사》, 일지사
이호철(2004), 《살아 있는 교실》, 보리
전국교직원노동조합(1990), 《한국 교육 운동 백서》, 풀빛
정인섭(1975), 《색동회 어린이 운동사》, 학원사
폴 마샬, 김재영 옮김(2000), 《천국만이 내 집은 아닙니다》, 한국기독학생회출판부
한국글쓰기교육연구회(1988), 《아이들을 하늘처럼 섬기는 교실》, 한길사
한국아동문학가협회(1975), 《동시, 그 시론과 문제성》, 신진출판사

잡지, 신문

〈광장〉 1986년 5월 호
〈말〉 1986년 3월 호
〈새교실〉 1965년 6월 호
〈아침 햇살〉 1998년 가을 호
〈어린이〉 1923년 영인본 10권
〈어린이문학〉 2003년 9월 호
〈월간 문학〉 1986년 3월 호
〈창비 어린이〉 2003년 여름 호, 가을 호
〈창작과 비평〉 1976년 겨울 호
〈경향신문〉 1986년 1월 11일
〈교육신보〉 1986년 1월 20일
〈독서신문〉 1976년 5월 2일
〈매일신문〉 1975년 9월 3일
〈서울신문〉 1986년 5월 16일
〈영남일보〉 1976년 3월 4일
〈조선일보〉 1975년 7월 20일, 9월 17일, 18일, 23일
〈한국일보〉 1975년 8월 12일, 9월 2일, 23일, 1976년 5월 5일

논문

김성길(2005), 〈이오덕 동시의 현실주의적 변모 과정 연구〉
      청주교육대학교 교육대학원 석사
김희영(2003), 〈이오덕 아동문학 비평의 문학 교육적 의의 연구〉
      대구교육대학교 교육대학원 석사
노여심(2003), 〈박목월과 이오덕의 동시관 비교 연구〉
      진주교육대학교 교육대학원 석사
선안나(2006), 〈1950년대 동화, 아동 소설 연구─반공주의를 중심으로〉
      성신여자대학교 대학원 박사
오길주(2004), 〈한국 동화 문학의 현실 인식 연구〉
      가톨릭대학교 대학원 박사
윤삼현(1998), 〈박목월의 동시 세계 연구〉
      전남대학교 교육대학원 석사

이명주(2006), 〈아동시에 나타난 문체 연구〉
  진주교육대학교 교육대학원 석사
중촌수(1993), 〈이원수 동화, 소년 소설 연구〉
  인하대학교 대학원 석사
장정희(2009), 〈소파 방정환의 장르 구분 연구〉
  고려대학교 대학원 석사
채찬석(1986), 〈이원수 동화 연구〉
  숭전대학교 대학원 석사
황혜순(2007), 〈'소년 세계'지 연구〉
  건국대학교 대학원 석사

그 밖의 자료

경상북도글짓기교육연구회 회보 제15호(1981년 11월 20일)
어린이도서연구회 20년사 자료집〈겨레의 희망 어린이에게 좋은 책을〉(2000)
어린이도서연구회 25주년 기념 자료집〈이오덕〉〈방정환, 이원수〉(2005)
어린이도서연구회 정기 세미나 자료집〈이오덕의 삶, 문학, 교육〉(2006)
영덕공립농업실수학교 2학년 1학기 이오덕 성적 통지서
우리말살리는겨레모임 회보 제57호(2007년 10월)
우리말살리는모임 회보 제1호(1993년 6월 16일)
이오덕 미발표 습작 '내가 살아온 길'(2000년 이후 쓴 것으로 추정)
이오덕 인사기록부, 2004년 1월 12일 경상북도 교육감 발급
이오덕 제적등본, 2004년 1월 8일 청송군 현서면장 발급
한국글쓰기교육연구회 회보 제1호(1983년 9월 15일)
한국글쓰기교육연구회 제1회 이오덕 공부마당 자료집(2006년 8월 24일)
  제2회 이오덕 공부마당 자료집(2007년 8월 24일)
  제3회 이오덕 공부마당 자료집(2008년 8월 24일)
  제4회 이오덕 공부마당 자료집(2009년 8월 22일)
한국아동문학학회,〈한국 아동문학 100년사 희귀 자료집〉(2005)
한국어린이문학협의회 회보 제1호(1989년 10월 29일)
〈학생 문집〉(1955), 이오덕이 지도한 군북중학교 학생들 글을 엮은 문집
〈화목교회 100주년 기념 자료집〉(2004)

살아 있는 교육 27
이오덕, 아이들을 살려야 한다

2011년 12월 1일 1판 1쇄 펴냄
2014년 11월 21일 1판 3쇄 펴냄

글쓴이 | 이주영

편집 | 김로미, 김소영, 양선화, 유문숙, 이경희, 이지나, 조성우
디자인 | 정재완
제작 | 심준엽
영업·홍보 | 백봉현, 안명선, 양병희, 이옥한, 정영지, 조병범, 최민용
경영 지원 | 임혜정, 전범준, 한선희
제판 | (주)한국커뮤니케이션
인쇄·제본 | (주)상지사 P&B

펴낸이 | 윤구병
펴낸곳 | (주)도서출판 보리
출판 등록 | 1991년 8월 6일 제 9-279호
주소 | (413-120) 경기도 파주시 직지길 492
전화 | (031)955-3535
전송 | (031)950-9501
누리집 | www.boribook.com
전자 우편 | bori@boribook.com

ⓒ 이주영, 2011

이 책의 내용을 쓰고자 할 때는, 저작권자와 출판사의 허락을 받아야 합니다.
잘못된 책은 바꾸어 드립니다.

보리는 나무 한 그루를 베어 낼 가치가 있는지 생각하며 책을 만듭니다.

값 13,000원
ISBN 978-89-8428-726-6 03370

이 도서의 국립중앙도서관 출판시도서목록(CIP)은 e-CIP 홈페이지(http://www.nl.go.kr/ecip)와 국가
자료공동목록 시스템(http://www.nl.go.kr/kolisnet)에서 이용하실 수 있습니다.
(CIP제어번호: CIP2011004519)